"十二五"国家重点图书出版规划项目

文化系列

白雀庵史话

A Brief History of Baique Temple

苏有郎 著

社会科学文献出版社
SOCIAL SCIENCES ACADEMIC PRESS (CHINA)

《中国史话》编辑委员会

主　　任　陈奎元

副 主 任　武　寅　高　翔　晋保平　谢寿光

委　　员　（以姓氏笔画为序）
　　　　　卜宪群　马　敏　王　正　王　巍
　　　　　王子今　王建朗　邓小南　付崇兰
　　　　　刘庆柱　刘跃进　孙家洲　李国强
　　　　　张国刚　张顺洪　张海鹏　陈支平
　　　　　陈春声　陈祖武　陈谦平　林甘泉
　　　　　卓新平　耿云志　徐思彦　高世瑜
　　　　　黄朴民　康保成

秘 书 长　胡鹏光　杨　群

副秘书长　宋月华　薛增朝　任文武　谢　安

《白雀庵史话》编辑委员会

主　　任　释悟贵

副 主 任　张社坡

成　　员　林增良　陈　飞　刘桂杰　王　珊

总　序

　　中国是一个有着悠久文化历史的古老国度，从传说中的三皇五帝到中华人民共和国的建立，生活在这片土地上的人们从来都没有停止过探寻、创造的脚步。长沙马王堆出土的轻若烟雾、薄如蝉翼的素纱衣向世人昭示着古人在丝绸纺织、制作方面所达到的高度；敦煌莫高窟近五百个洞窟中的两千多尊彩塑雕像和大量的彩绘壁画又向世人显示了古人在雕塑和绘画方面所取得的成绩；还有青铜器、唐三彩、园林建筑、宫殿建筑，以及书法、诗歌、茶道、中医等物质与非物质文化遗产，它们无不向世人展示了中华五千年文化的灿烂与辉煌，展示了中国这一古老国度的魅力与绚烂。这是一份宝贵的遗产，值得我们每一位炎黄子孙珍视。

　　历史不会永远眷顾任何一个民族或一个国家，当世界进入近代之时，曾经一千多年雄踞世界发展高峰的古老中国，从巅峰跌落。1840年鸦片战争的炮声打破了清帝国"天朝上国"的迷梦,从此中国沦为被列强宰割的羔羊。一个个不平等条约的签订,不仅使中国大量的白银外流,更使中国的领土一步步被列强侵占,国库亏空,民不聊生。东方古国曾经拥有的辉煌,也随着西方列强坚船利炮的轰击而烟消云散,中国一步步堕入了半殖民地的深渊。不甘屈服的中国人民也由此开始了救国救民、富国图强的抗争之路。从洋务运动到维新变法,从太平天国到辛亥革命,从五四运动到中国共产党领导的新民主主义革命,中国人民屡败屡战,终于认识到了"只有社会主义才能救中国,只有社会主义才能发展中国"这一道理。中国共产党领导中国人民推倒三座大山,建立了新中国,从此饱受屈辱与践踏的中国人民站起来了。古老的中国焕发出新的生机与活力,摆脱了任人宰割与欺侮的历史,屹立于世界民族之林。每一位中华儿女应当了解中华民族数千年的文明史,也应当牢记鸦片战争以来一百多年民族屈辱的历史。

当我们步入全球化大潮的21世纪,信息技术革命迅猛发展,地区之间的交流壁垒被互联网之类的新兴交流工具所打破,世界的多元性展示在世人面前。世界上任何一个区域都不可避免地存在着两种以上文化的交汇与碰撞,但不可否认的是,近些年来,随着市场经济的大潮,西方文化扑面而来,有些人唯西方为时尚,把民族的传统丢在一边。大批年轻人甚至比西方人还热衷于圣诞节、情人节与洋快餐，对我国各民族的重大节日以及中国历史的基本知识却茫然无知，这是中华民族实现复兴大业中的重大忧患。

中国之所以为中国，中华民族之所以历数千年而不分离，根基就在于五千年来一脉相传的中华文明。如果丢弃了千百年来一脉相承的文化，任凭外来文化随意浸染，很难设想13亿中国人到哪里去寻找民族向心力和凝聚力。在推进社会主义现代化、实现民族复兴的伟大事业中，大力弘扬优秀的中华民族文化和民族精神，弘扬中华文化的爱国主义传统和民族自尊意识，在建设中国特色社会主义的进程中，构建具有中国特色的文化价值体系，光大中华民族的优秀传统文化是一件任重而道远的事业。

当前，我国进入了经济体制深刻变革、社会结构深刻变动、利益格局深刻调整、思想观念深刻变化的新的历史时期。面对新的历史任务和来自各方的新挑战，全党和全国人民都需要学习和把握社会主义核心价值体系，进一步形成全社会共同的理想信念和道德规范，打牢全党全国各族人民团结奋斗的思想道德基础，形成全民族奋发向上的精神力量，这是我们建设社会主义和谐社会的思想保证。中国社会科学院作为国家社会科学研究的机构，有责任为此作出贡献。我们在编写出版《中华文明史话》与《百年中国史话》的基础上，组织院内外各研究领域的专家，融合近年来的最新研究，编辑出版大型历史知识系列丛书——《中国史话》，其目的就在于为广大人民群众尤其是青少年提供一套较为完整、准确地介绍中国历史和传统文化的普及类系列丛书，从而使生活在信息时代的人们尤其是青少年能够了解自己祖先的历史，在东西南北文化的交流中由知己到知彼，善于取人之长补己之短，在中国与世界各国愈来愈深的文化交融中，保持自己的本色与特色，将中华民族自强不息、厚德载物的精神永远发扬下去。

《中国史话》系列丛书首批计200种，每种10万字左右，主要从政治、经济、文化、军事、哲学、艺术、科技、饮食、服饰、交通、建筑等各个方面介绍了从古至今数千年来中华文明发展和变迁的历史。这些历史不仅展现了中华五千年文化的辉煌，展现了先民的智慧与创造精神，而且展现了中国人民的不屈与抗争精神。我们衷心地希望这套普及历史知识的丛书对广大人民群众进一步了解中华民族的优秀文化传统，增强民族自尊心和自豪感发挥应有的作用，鼓舞广大人民群众特别是新一代的劳动者和建设者在建设中国特色社会主义的道路上不断阔步前进，为我们祖国美好的未来贡献更大的力量。

2011年4月

出版说明

自古至今，始终坚持不懈地从漫长的文明进程中不断总结历史经验教训，从中汲取有益营养，从而培植广阔的历史视野，并具有浓厚的历史意识，这是我们中国文化独有的鲜明特征，中华民族亦因此而以悠久的"重史"传统著称于世。在整个人类文明史上独一无二、系统完备的"二十四史"即证明了这一点。

中华人民共和国成立后，历史知识普及工作被放到十分重要的位置。20世纪五六十年代，著名历史学家吴晗主持编写的《中国历史小丛书》，90年代中国社会科学院院长胡绳组织编写的《中华文明史话》和《百年中国史话》，成为"大家小书"的典范，而后两套历史知识普及丛书正是《中国史话》之缘起。

2010年年初，为切实贯彻中央关于"做好历史知识普及工作"的指示精神，同时也为了更好地弘扬中国传统文化，我们对《中华文明史话》和《百年中国史话》

两套丛书的内容进行了修订和增补,重新设计框架,以"中国史话"为丛书名出版。第十一届全国政协副主席、时任中国社会科学院院长陈奎元亲任《中国史话》一期编委会主任,时任中国社会科学院副院长武寅任编委会副主任。正是有了各级领导的关心支持和诸多学术名家的积极参与,《中国史话》一期200种图书得以顺利出版,并广受好评。

《中国史话》丛书的诞生,为历史知识普及传播途径的发展成熟,提供了一种卓具新意的形式。这种形式具有以通俗表述、适中篇幅和专题形式展现可靠历史知识的特征。通俗、可靠、适中、专题,是史话作品缺一不可的要素,也是区别于其他所有研究专著、稗官野史、小说演义类历史读物的独有特征。

囿于当时条件,《中国史话》一期的出版形式不尽如人意,其内容更有可以拓展的广阔空间,为此2013年4月我们启动了《中国史话》二期出版工作。《中国史话》二期分为经济、政治、文化、社会和生态五大系列,拟对中国各区域、各行业、各民族等的发展历史予以全方位介绍。我们并将在适当时机,启动《世界史话》的出版工作。史话总规模将达数千种。

我们愿携手海内外专家学者,将《中国史话》《世界史话》打造成以现代意识展现全部人类历史和人类文明,集学术性、知识性、趣味性于一体的"万有文库"；并将承载如此丰厚内容的史话体写作与出版努力锻造成新时期独具特色的出版形态。

希望史话丛书能在形塑民族历史记忆、汲取人类文明精华、培育现代国民方面有所贡献，并为广大读者所喜爱。

史话编辑部

2014年6月

目录 Contents

序 ……………………………………………………………… 1

一 古刹春秋 ……………………………………………… 1
  1. 历史上的白雀庵 ………………………………………… 1
  2. 白雀庵的兴衰起落 ……………………………………… 5
  3. 白雀庵恢复重建及影响 ………………………………… 8
  4. 千年古刹绽新姿 ………………………………………… 13
  5. 历代名尼 ………………………………………………… 21
  6. 白雀庵外名胜多 ………………………………………… 38

二 观音传说 ……………………………………………… 47
  1. 观音菩萨身世传说 ……………………………………… 47
  2. 三皇姑传说 ……………………………………………… 62

三 民间传说 ……………………………………… 102
1. 孝子坊 ……………………………………… 102
2. 千手椿 ……………………………………… 104
3. 瓦固村改姓 ………………………………… 105
4. 东浪沟与西浪沟 …………………………… 106
5. 白雀庵与腊八粥 …………………………… 107

四 寺庙文化 ……………………………………… 109
1. 白佛庙会 …………………………………… 109
2. 观音文化研究会 …………………………… 112
3. 慈善事业 …………………………………… 123
4. 历代碑刻 …………………………………… 126
5. 名人手迹 …………………………………… 133
6. 有关白雀庵的著作 ………………………… 135

后 记 …………………………………………… 137

序

　　中华文明源远流长，为我们留下了丰富的历史文化遗产。在这些历史文化遗产中，佛教文化自汉代传播到中华大地以来，不断得到丰富壮大，渐渐成为我国广大群众一个重要的信仰。寺庙作为佛教文化的一个重要载体和传承介质，是我们的文化宝库，有取之不尽的物质财富和精神财富，博大精深。

　　白雀庵自创建至今，已经有近1500年的历史，在这漫长的岁月中，有过辉煌，有过低落，最终重新走向兴盛。但无论世道风云如何变幻，无论多少风吹雨打，在十方善信的大力支持下，在历代住持的苦心经营下，白雀庵始终以慈悲为本，弘扬佛教，守护三宝。

　　尤其是我国改革开放以来，借国家宗教信仰自由政策之东风，恩师能文法师苦心经营，带领一众弟子，在一片废墟之上，重建白雀庵，经三拆三建，终于使这座千年古刹重焕光彩，再创辉煌。如今，白雀庵已成为全国有影响的观音道场之一，吸引了海内外的信众观光朝拜，作为住持，我感到很欣慰。

观音菩萨应化在白雀庵，作为大慈大悲的化身，观音形象早已深入家家户户，"家家有弥陀，户户有观音"，成为我国宗教信仰的一个重要内容。普度众生，发挥佛教的正能量，白雀庵有义不容辞的责任和义务。为此，在做好本教功课外，我们庵院僧众，常常会同居士和广大信众，发慈悲心，弘扬良善，努力去做一些有利于群众、有利于社会的公益事业。

新中国成立以来，佛教界信众始终与党和政府风雨同舟，弘扬爱国爱教、团结进步、庄严国土、利乐有情的精神，在服务社会、造福人类、开展对外友好交流、促进社会和谐等方面做出了积极贡献，这也是我们每一名佛教信众所应该继承和发扬的。只有爱国爱教，佛教才能兴盛。没有祖国的解放统一，没有祖国的改革开放，没有祖国的宗教信仰自由政策，就没有白雀庵今日的辉煌。白雀庵自重建以来，伴随着祖国的不断繁荣昌盛，白雀庵信众和谐虔诚，为当地社会的经济文化建设做出了自己应有的贡献，白雀庵成为当地旅游文化事业的一个重要组成部分。

在此，我要感谢当地的文史工作者，他们一直在努力进行着白雀庵历史文化的挖掘和整理工作，使白雀庵1500年的血脉不致被时间湮没，这是白雀庵的幸运和吉祥，我们这些僧众由衷地感到荣幸和骄傲。

承蒙"中国史话"编辑委员会专家学者惠予审阅、悉心指导,在此,谨致深切的感谢!

白雀庵住持　释悟贵

2017 年 3 月

一　古刹春秋

1　历史上的白雀庵

白雀庵，位于河北省南和县境内，是华北地区规模最大的女众道场。

白雀庵西依巍巍八百里太行山，坐落于太行山东麓冀南大地，东临一望无际的华北平原，澧河故道从它旁边经过。它坐北朝南，在一片白杨林的掩映下，静静地安居于南和县东北10公里处的白佛村东北部。远远望去，但见深红高大古殿宇鳞次栉比，两座雄伟壮观的山门庄严肃穆。院内殿堂楼阁，飞檐碧瓦，错落有致；古色古香，香烟缭绕；花木丛丛，彩蝶飞舞，鸟语花香，清净幽雅。每日听得晨钟暮鼓，诵经与祈祷之声悦耳，香雾氤氲之中蕴藏静谧超凡之境，不闻喧嚣杂乱凡尘之俗气，只见一派人间仙境、世间无二之静所。

白雀庵始建于南北朝北周周宣帝大成元年（579），据白雀庵现存明代古碑文记载,在南北朝后期,河北省南和县东北部,北起杜科村,南至大会塔村,是一片带状森林,在这片森林的绿色掩映之中,有一个小村庄。据说此村初建时,古佛千光王静住如来曾示现于此,为观世音菩萨讲授《广大圆满无碍大悲心陀罗尼》,即《大悲咒》。因千光王静住如来示现之时,通体白色,细腻光泽,具三十二相,八十种庄严相,因此有弘法僧人建白佛寺,此村也因此叫白佛村。

白雀庵原山门

这里紧靠澧河,土地肥沃,沟渠如织,水明草秀,林茂粮丰,成群成群的白色雀儿自由翱翔,啄食戏水,犹如一片神秘乐园。江苏镇江金山寺一位老尼师德真,参学至此,感叹这里"不是江南,却胜似江南"。于是,老尼师发愿在此建一处庵院,普度众生,便结茅为庐住了下来,以解除众生凡尘苦难,是谓白雀庵启建之始。老尼师布衣素食,将化缘积攒的银两在白佛村建起了殿宇楼阁，前有巍峨壮观的山门，周有古朴典雅的红墙。由于此处水草丰茂，成群成群的白雀在殿宇中穿梭嬉飞，因此，她为此庵起名白雀庵。老尼师勤于佛事，不久，白雀庵香客如流，参众如云，僧众也迅速增加，最多时庵院女众达五百余人，很快，白雀庵名播遐迩。也因此故，白佛村商旅汇聚，店铺渐多，竟成为贸易重镇，人们又称其为白佛店。

后来，观世音菩萨化现为妙庄王之女妙善公主，在顺德府（今邢台）白雀庵出家修行，又为父舍目疗疾，慈心至极，而道业成就，感生"千手千眼观世音菩萨"护持众生。历代文人学士、王公贵胄屡求屡应。特别是善信求男得男，求女得女，求财得钱财，求富得富贵，感应道交，诚观音菩萨大慈大悲心之不可思议之境界。由此，白雀庵已成为全国最大的女众道场，成为全国民众的朝拜中心。

清康熙五十七年（1718）《南和白雀庵重修碑记》载，当时白雀庵占地五百余亩，殿堂数十座，寮房多达千余间。其时白雀庵坐北朝南，有6米高山门一座。进得山门，迎面数步为哼哈二将殿，殿内哼哈二将分居东西两侧。穿过哼哈二将殿，有影壁墙一面，上绘风云江山大好万里图，图中云雾缭绕，一株郁郁葱葱的参天苍松在一轮红日的映照下令人耳目一新。绕过影壁，即观音大悲殿，殿高9米，南北进深近10米，东西阔二十余米，飞檐画栋。殿顶屋脊兽分立其上，屋脊飞出四角各有风铃，微风一吹，叮当之声清脆悦耳。屋檐彩绘，画有观音出家事迹图。门前明柱上，绘有二龙戏珠。门楣上"大悲殿"三个鎏金大字朴拙自然，金光夺目，令人肃然起敬。进得殿门，一尊高大的观音菩萨像端坐正中。像高3米有余，为檀香木雕塑。观音西侧为普贤菩萨，东为文殊菩萨，各高2.5米。东西墙壁上，绘有观音出家受难经历图。大悲殿西侧，有观音三十二应身殿，殿高8米有余，面积百余平方米，供有观音菩萨随缘显化有求必应三十二应身雕塑，各雕像高约2米，形态各异，栩栩如生。院东为尼僧之寮房数十间。转过大悲殿北行，依次为诵经堂、藏经阁、五观堂。庵的最北边即最后边，是僧尼圆寂后的塔林，高低错落的白石塔林林总总，掩映在森严肃穆的柏树林中，古木参天，令人肃然。

  庵院的东墙，从一个小圆门穿过，是一片菜园，约有20亩，为僧尼耕作之所。除香客供养之外，她们农禅兼作，不忘生活之本。

  白雀庵时有僧尼五百有余，除设方丈作为僧团的首领之外，还设有"四大班首"，即首座、西堂、后堂和堂主。他们是方丈的助手，辅佐方丈的工作。班首由戒腊较长、威望较高的僧人担任，与方丈共同组成掌管丛林大事的最高五人核心班子。他们平时住在禅堂两侧的班首寮内，有事则与方丈共议。首座由丛林中德业兼修者充任，表率丛林，辅佐方丈，人天眼目，启迪后昆。在禅堂他带领僧众参禅打坐，在厨房他监督执事搞好斋饭。他以身作则，遵守丛林清规，对违犯戒律者依规示罚。西堂地位次于首座，才德不逊于班首。他负有教化僧众、宣讲开示的责任。后堂，位居后班之首，故称后堂。他的责任是扶赞宗风，为僧众的楷模。平时他不过问丛林的日常事务，但受方丈的委托，可专管某项或某些事情。堂主，由才德兼备、修行有素的僧人充任。他负有对寺院僧众进行开导教化之责，地位十分重要。除"四大班首"之外，寺院还设有"八大执事"职务，包括监院、知客、僧值、维那、典座、寮元、衣钵及书记等。

2 白雀庵的兴衰起落

像其他的佛教圣地一样，白雀庵在近一千五百年的历史长河中，也历经了风雨沧桑，几度春秋沉浮。

自德真法师建成白雀庵后，朝政大多对白雀庵崇敬备至，庵院得到不断扩建，先后于元至正元年，明正德十五年，清康熙五十年、乾隆四十八年、嘉庆三年、咸丰十一年，对庵院进行了扩建。据白雀庵遗存碑记可考，其面积曾数度达几百亩，尼僧五百余众，香客如流，信众如云。

白雀庵最鼎盛时期是清朝乾隆年间重建之后。乾隆微服私访时，路过南和，至白雀庵，看到庵内僧众敬业甚恭，当场进行赏赐，使白雀庵声誉日隆。乾隆皇帝南下回京之时，路过顺德府（现今的邢台），专门至白雀庵烧香拜谒观音，并为白雀庵赐巨款修缮，一时传为佳话。从此，白雀庵香火日盛，影响更巨。

白雀庵最衰微时期是民国年间。民国6年，由于战乱频繁，白雀庵几被夷为平地，仅存殿堂两间，但香火仍然有续，几位尼僧惨淡经营，维系三宝，续佛慧命。

民国后期，白雀庵有山门、天王殿、大悲殿以及东、西寮房，只有一位名为焦氏的居士在庵内居住。焦居士为南和县史召乡果寨村人，因一场家庭变故而神智失常，来白雀庵拜观音所感，恢复理智，发愿守护三宝，后又有僧尼跟随，一直延老终生。由于战乱不断，白雀庵多年香火不兴。

抗日战争时期，白雀庵成为日本兵的驻军之所。解放战争时期，国民党军又来此骚扰不断，使得一处佛门净土屡罹兵患。解放战争前，白雀庵仅幸存3米高的山门，大悲殿，东、西寮房和塔林，甚是凄凉。

1966年，破"四旧"时，白雀庵更是遭受了灭顶之灾，其建筑被全部拆毁，彻底夷为平地，只有残垣断壁散落在一片荒草萋萋的荒野。

最为可惜的是，在破"四旧"运动中，当地百姓进行了拉庙运动（拆庙运动，由于有些塑像高大坚固，不易拆除，便将一条大粗绳子拴在塑像脖子上，套上马套，强行拉倒。当地百姓称作"拉庙"，也即拆庙的意思）。白雀庵大悲殿内一尊丈余高的珍贵的檀木观音像在这次运动中被轰然拉倒。随着稀里哗啦的倒塌声，观音像顿时破裂。令人惊奇的是，这尊观音像的腹内竟然是空的，从观音像腹内掉出许多古籍，全是有关白雀庵寺志和观音历史的记载。由于当时人多杂乱，这些珍贵的文物有的被火烧毁，有的被人偷偷拣走，不知所终，成为白雀庵千年历史中最令人痛心的一件事。这尊观音像的腹中还有一杆戥子，验证了在当地百姓中自古以来流传的一句俗语——无论你做什么事，观音心中有杆秤。一个人的良心有几斤几两，瞒不过观音，观音菩萨心中有数着呢。你做了多少好事，做了多少坏事，观音菩萨都会给你过过秤。

直到"文革"前，白雀庵原址处荒地里散落的牌坊石碑还有百十来块。最早为唐代碑，均已破坏遗失，后仅存龟座3块，石磨、石臼各1块。

即使一间殿堂都不存，还经常有一些善男信女偷偷地来此烧香求愿。据一位白佛村村民说，在他小时候，白雀庵只有四五间破殿。从1986年开始，当地有关部门陆续把地下埋的石碑挖了出来，有观音殿碑、前殿碑以及石磨等，大概有七八块。其中观音殿碑上有对白雀庵历史沿革的详细记载。

1988年，白雀庵经河北省人民政府批准为"河北省南和县白雀庵女道场"，成为河北省最早开放的佛教场所之一。住持能文法师收徒百余名，携其弟子应缘募化，恢复重建，先后在旧址重建了大悲殿（1988年）、地藏殿（1989年）等，其影响波及周边多个省市，成为河北省最大的尼众道场，被誉为"华北第一庵"。住持能文法师于2002年农历三月初八圆满示寂后，由净慧长老亲自主持荼毗仪式，得舍利数枚。后白雀庵住持由其弟子悟贵法师接任，又重建了天王殿、东西寮房、般若堂等殿堂。

1996年后，在党和政府的重视及广大信众的支持下，白雀庵再次振兴，香火日盛，发展很快，又盖起了大雄宝殿、天王殿以及寮房、塔林等建筑。该庵住持能文法师的弟子一百余名在全国各地参学交流，寺院常住僧尼达三十余位。

白雀庵不仅是佛教界的一个重要道场，从社会文化角度来看，它也是在全国有影响的一个重要旅游文化景点。随着我国对宗教信仰自由政策的进一步落实和人们对旅游业的日渐重视，白雀庵已经成为一个重要的历史文化名胜古迹。

3　白雀庵恢复重建及影响

"文革"后，能文法师重新受戒回到寺院，居住在南和县城西关的奶奶庙里。为了使白雀庵这座观音古刹重放光彩，能文法师独自来到白佛村东北角的白雀庵旧址。此时的白雀庵，早已荡然无存，只有几通残破的古碑散落在一片荒草之中。触景生情，能文法师没有气馁，用几块小砖头支起一个锅灶，抱来一堆麦秸秆，她白天将麦秸秆当作做饭的柴，晚上盖在身上当取暖的被褥。能文法师四方募娟，几经重建、推倒、重建，最终重新恢复的白雀庵，占地近10亩，有山门、哼哈二将殿、大悲殿、寮房。白雀庵的香火渐渐地恢复兴盛，香客纷至沓来。随着白雀庵日渐兴盛，能文法师向当地有关部门申请，对白雀庵进行了扩建，带领弟子建起了观音三十二应身殿、韦驮殿、地藏殿、祖师殿。寺院面积达百亩。白雀庵的庙会也随着寺院的扩建名声日隆，几年之间，就影响山东、河北、山西、河南等多个省，数十个县市。

至此，能文法师仍没有停止重振山门。1998年，她又带领几名弟子，将寺院进行东扩。东扩之地当时有1丈高200平方米大的农家粪堆，需要移走。能文带领弟子，用小推车推，她们整整干了一年多，才将这一大堆粪清理完，一个个手都被磨得起了水泡，长满了老茧。她们省吃俭用，冬天去地里拾柴

白雀庵古碑座

烧。那时家家户户拾柴,地里的好柴百姓自己还不够烧呢,她们就捡百姓剩下不要的带刺的树枝,一顿饭下来,被扎得满手流血。

通过能文法师的艰苦募缘,白雀庵又建起了数百平方米的大雄宝殿和上千平方米的配殿。

2002年后,住持悟贵法师又相继重建起20多座殿堂,100多间寮房。2012年,白雀庵恢复教产200多亩,用于重建观音殿及各类配殿。

在能文法师的影响下,每年来白雀庵礼佛参拜的信众游客上百万人次。2002年3月,在佛指舍利赴台供养迎请活动中,该庵住持释悟贵是河北省内被邀请的四名代表之一。在海峡对岸,当台湾僧人听中国佛教协会领导介绍台湾拍摄的电视连续剧《观音菩萨传》中的观音菩萨老家就是悟贵师父任住持的白雀庵所在地河北省南和县后,特别激动,纷纷向悟贵致意。

大悲殿僧尼诵经

白雀庵已成为全国著名的佛教圣地,在每年的观音圣诞、出家、成道日,都要举行隆重的庆祝仪式。除此之外,每年还有4个香火庙会,分别是农历四月初四、六月十三、九月二十五、腊月初七。其中四月初四、九月二十五两个庙会尤为隆重,每个庙会时间长达半个月。来自北京、天津、河北、河南、山东、山西等几个省市的数十万信众齐聚白雀庵,其规模之大,人数之多,在长江以北实为罕见。

目前,白雀庵现有僧尼三十余人,在各级党委、政府以及佛协的指导和帮助下,加强了寺院制度建设和僧团建设,建立健全了寺院组织,制定完善了各项规章制度,对寺院进行科学化、规范化管理。白雀庵非常重视僧众素质的提高和人才的培养，经常组织寺院教职人员参加省、市佛协举办的教务管理和政策法规培训，每年都会推荐年轻僧才到佛学院学习深造。近年来白雀庵在寺院建筑建设方面进行了大量投资，维修了古建，扩建了殿堂，为佛事活动的开展提供了较好的条件。

观音菩萨在白雀庵出家，这是一个美丽的故事。在著名的苍岩山的观音庙内，也有关于观音菩萨从南和白雀庵出家的介绍。

观音信仰是中华民族善良和智慧的结晶，是华夏文明的深厚积淀。观音信仰能够在中国如此源远流长，根本原因在于人们对观音慈悲善良精神的追求。观音文化作为中国传统文化和佛教文化的代表，已经发展成为大众文化。弘扬观音文化，是顺应当前大力促进文化建设、构建和谐社会要求的。观音文化努力倡导的孝道文化、忍让精神、奉献行为、克己向善等思想，使许多积极向上的民族文化具体化、形象化、信仰化。

可以说，南和淳朴善良的民风造就了观音文化，同时，观音文化也折射出我国人民的勤劳、向善、友爱、朴实的精神。

近年来，白雀庵的建设和发展得到了社会各界的广泛关注和重视。经白雀庵住持释悟贵法师多次与省市佛协的沟通，决心在原址上重建观音殿。

2011年，为弘扬正法，续佛慧命，安僧度众，显如来度生本怀之宗旨，为求观音道场之遗风，白雀庵开始重建观音殿。殿内千手千眼观音主像38米高，千手千眼皆可认捐供奉，人人皆可做观世音的手和眼。殿内另有观音菩萨小像和三十二应化法身像共1万尊,供十方信众供养,永久供奉于观音殿内。

为充分挖掘南和观音文化资源,当地政府也因势利导,努力创建南和观音文化园区,重新规划建设白雀庵,并逐步恢复历史上的寺院风貌。园区以白雀庵为中心,周边配以商业、文化、旅游等配套设施。通过对外招商引资、政府引导,宗教、文化、旅游等相关部门联合,着力打造旅游文化经济,实现经济、文化双丰收。当地政府以白雀庵为依托,将建设观音文化园区作为一项重点旅游文化项目,给予极大的支持。南和县规划部门聘请了权威人士进行观音文化园区整体规划:将寺庙观光旅游与观音文化相结合、观音文化与南和人文精神相结合,提升白雀庵文化品位;着眼白雀庵的长远发展,不断扩大内涵和外延,立足建设北方高质量、精品化的观音文化园区,打造以白雀庵为核心的观音文化旅游区,使白雀庵成为当地旅游业的核心景区之一,并成为一大文化旅游亮点。

此外,他们以文化活动引起轰动效应,设立南和中国观音文化节,每年一届,固定时间,以观音慈悲文化为主题,结合佛教特点举办大型法会、万人朝拜法会、观音灵光加持法会、传灯法会;结合民俗举办庙会文化、大型香火会;结合典雅艺术排演大型音乐会、舞剧、戏曲舞台剧;结合民间艺术举办地方民间艺术展演会;结合经济举办产品展销会、商贸洽谈会;结合文化研究,宣传、开展主题讲座,等等。通过系列活动,南和县营造强大宣传声势。同时征集观音故里的有关资料向国家有关部门申报"观音文化之乡",以此为载体,促进本地经济发展和社会事业的进步。

4 千年古刹绽新姿

1982年,释能文法师发愿重建白雀庵,并成为新中国成立以来白雀庵第一任住持。

从历史文化名城邢台市沿河北省325省道东行20公里,京港澳高速、邢临高速、石武高铁交会之处东行十数里,有一个古村落,这就是白佛村。白佛村东,有一南北小街,沿小街北行400米,一片广场豁然开朗。这个广场面积超过一个标准足球场,水泥铺地,干净整洁。广场北侧,一座庙宇大红围墙,围墙高丈五有余,墙顶端琉璃瓦在阳光的照射下金光耀眼。广场北面,大红墙内,并排两座红漆大门高大雄伟,庄严肃穆,一派古色古香之气。站在门前,凝目静思,满是佛香脱尘之气,毫无凡间俗世之风,与村里噪声嘈杂、凌乱无章的气氛形成鲜明对比。这个别具一格与众不同的院落,就是全国著名的女众道场——白雀庵。

现今的白雀庵,占地近400亩,殿堂20多座,僧寮两百余间。

白雀庵分西院和东院两部分。

西院,占地30亩,全院为明清建筑风格,为新中国成立后白雀庵第一任住持能文法师于1988年初所建,内有山门、

新建白雀庵

大悲殿、哼哈二将殿、功德碑、石磨、寮房、斋堂、观音菩萨三十二应身殿、地藏殿、能文法师纪念堂、白杨林。

山门

来到白雀庵西山门前,门额横匾上三个古朴苍劲的手书鎏金大字"白雀庵"映入眼帘,落款为"中国佛教协会原会长传印长老"。未进寺院,一股佛香即扑面而来。进得山门,顿感古香之气。整个院落皆为仿清建筑风格。院内由于近几年的拓建而显得格外空旷辽远。

大悲殿

从山门往里步行二三十步,有影壁墙一面,高3米有余,壁上绘九天仙境松柏图。绕影壁前行,壁后为韦驮殿,殿高约3米。再往北行10多米,即白雀庵主建筑,也是标志性建

新建山门

筑——大悲殿。大悲殿左侧,有新刻石碑两通,一通上刻"三皇姑",另一通上刻"白雀庵"。另有一通高2米石刻,名为《重修白雀庵碑记》,落款为1991年4月4日。大悲殿高9米,内供千手千眼大慈大悲观世音菩萨1尊,像高3.6米。大殿两侧东为文殊菩萨像,西为普贤菩萨像。殿内整日彩幡飘飘,烟雾缭绕,香火不断。

哼哈二将殿

大悲殿西侧,为哼哈二将殿,此殿本应为进山门内第一殿,哼哈二将原为守门护院之门神,但由于庵内殿堂数次扩建,它已与大悲殿并列大院正中,作为古建而被保存。哼哈二将塑像,高约2米。哼哈二将之本职为护卫,现仍居本职位置于殿堂内两侧。

功德碑

大悲殿与哼哈二将殿中间的走道西侧,有清代功德碑8块,依次而北,分别是顺治、康熙、乾隆、光绪等年间所刻,撰述了历代白雀庵修缮之经过,为白雀庵的历史保存了一笔珍贵的文字资料,是今人研究白雀庵历史的重要依据。这些石碑,也是历代书法爱好者学习练字的优秀字帖,曾有不少文人和热爱丹青之士来拓印习仿。这些古碑刻,有些字迹模糊难辨,原因之一是年代久远,被历史的风沙所侵蚀,还有一个原因,也是一个重要的原因:凡是来白雀庵许愿的善男信女,用一枚硬币,向石碑上贴去,据说如果观音菩萨应下了你的许愿,硬币便会牢牢地粘上不会掉下。为此,凡是来朝拜白雀庵的善众,都会来此一试。日久天长,这些石碑上的字迹便被贴磨渐平,难以辨识。

石磨

院的正中,有一古石磨,直径近丈。轻轻一推,石磨即可"轱辘轱辘"转动。据传,此磨即为观音菩萨出家白雀庵时其父妙庄王向其发难让其碾米之磨。

寮房与斋堂

院西为寮房,东为斋堂,各十余间。

观音菩萨三十二应身殿

西寮房的北部,乃观音菩萨三十二应身殿。自南向北依次为大悲姑姑殿,下手两边排立着十二吹管,类似乐队;然后为无圣母殿、红罗圣母殿、筋骨奶奶殿、眼光奶奶殿、西顶奶奶殿、财神殿、睡公殿共8个殿。这8个殿,其实是一种象征，象征着观音随形显化众应身。人们可能会产生一个疑问：观音众应身不是鱼蓝观音、马头观音等形象吗？怎么成为其他佛相。说起三十二应身殿，更是无比神奇。按说，观音殿为佛门圣地，怎么还有道尊之位？原来，皆因观音普度众生，劝人为善，逐类随形大慈大悲之心，随缘而显化。人们睡不着觉了，就需要睡公，眼睛有疾了，就需要眼光奶奶，发财需要财神，胳膊腿不舒服自然要求筋骨奶奶了，如此等等，人们需要她什么，她就显化什么应身，这也是白雀庵观音众应身的与众不同之处。所以，就有了观音三十二应身，三十三应身，甚至八十二应身，等等。千变万化，各不相同，以至一般人弄不清观音是男是女，也常被误以为是其他神仙。但是，如果你仔细观察，就会发现，这几个殿中供养的观音应身有一个共同点——都具有观音相貌特征。原来，这些神仙看似西顶奶奶、眼光奶奶、财神等神，其实都是观音。

地藏殿

三十二应身殿再往北行，并排数间殿堂，西为地藏殿，供有地藏菩萨，其像是用大理石雕刻的，坐姿，高两米有余，精雕细刻，工艺极佳。

能文法师纪念堂

地藏殿东侧，为能文法师纪念堂，供能文法师汉白玉雕像1尊。

白杨林

西院的最北部，有白杨林数十亩。树皆碗口粗，参天耸立,微风一吹,哗哗作响,犹如天籁之音,颇显佛门清静之境。

东院包括东山门、天王殿、妙善阁、大雄宝殿、方丈楼、讲经堂、塔林、观音殿。

东山门

自白雀庵东门而入,在传印长老手书"白雀庵"门额横匾下,是中国佛教协会原副会长净慧长老亲笔手书的对联一副,上联:慈航普渡逐类随形观音应化兴林国;下联:悲愿宏施有求必应香火长留白雀庵。进入大门,整个院落建筑为仿清风格。但见步步楼阁,处处殿宇,金碧辉煌,流光溢彩。如在春暖花开之际,或盛夏时节,或中秋之时,来此庵中,别有一番意境。驻足院中,但见鲜花锦簇,红的有月季,黄的是蝴蝶梅,犹如百花园,加之鸟语花香,好似一派人间仙境。常有几位居士在侍弄花花草草,种植蔬菜。郁郁葱葱的小白菜,生机勃勃,翠绿欲滴,好似世外桃源。

天王殿

迎面是四大天王殿,殿高 11 米,殿内正中供奉弥勒佛,佛高 1.6 米。殿门两侧是一副著名楹联:大肚能容容天下难容之事,笑口常笑笑天下可笑之人。弥勒佛赤脚袒腹,面南而坐,正在哈哈大笑,一副宽宏大量之态。弥勒佛背后,亦即北面,韦驮护法庄严肃立。殿东西两侧,四大天王雕像形态各异,像高皆 2.8 米。穿过天王殿,即来到白雀庵新建院落之中。但见正北大雄宝殿巍然肃穆,高大雄伟。东西各建有两层寮房,南北各有数十米之长。

妙善阁

大院正中,有妙善阁一座,阁内有汉白玉大理石千手观音殿1尊,像高3米,立于4尺石台之上,一副大慈大悲亲切之神色。

大雄宝殿

大雄宝殿内,释迦牟尼佛端坐正中,佛高4米。座前阿难、迦叶两尊者恭敬而立。西有普贤菩萨,东有文殊菩萨。十八罗汉分立两侧,皆高2米有余,神态各异。释迦牟尼佛的背后,是自在观音像1尊,高约3米。大雄宝殿内,常有僧尼和居士恭敬端坐,静心参修。

西寮房一层北端,为般若堂。东寮房一层北端为客堂,二层为藏经阁。

方丈楼

东寮房北侧,有一侧门,穿门而过,北侧为方丈楼,为白雀庵现任方丈悟贵法师居所。

讲经堂

方丈楼南错对门,又一院落。院有二层楼1座,南北长44米,高7米。一层为五观堂,为僧尼用斋之处。二层为讲经堂,白雀庵经常邀请全国高僧大德来讲经堂讲经,许多著名法师都曾在此讲经说法。

塔林

五观堂和讲经堂东行,穿过白雀庵东院墙的一个半圆门,就来到白雀庵塔林,为寺内僧尼圆寂后安葬之所。又有与塔林同时建成的化身窑1座。本寺僧人圆寂后即在此处举行火化荼毗仪式,就地建塔永志。塔林最南部为新中国成立后白雀庵第一任住持能文法师舍利塔。塔高6米，底座达36平方米，由白色大理石雕就。塔的南面，也就是正南塔座上部，有能文法师大理石法相1尊，像高0.8米，栩栩如生，如同能文在世神色。能文法师圆寂后得舍利子数枚，即供奉于此塔内。仰望此塔，回想能文法师一生事迹，僧尼无不肃然起敬。普通僧众圆寂塔高2米，按辈分排列，每辈东西一排，自南向北，依次排列，有圆寂法师7位。塔林森然肃穆，平时只有寺内僧人在节日期间才进入拜祭。一年四季，树叶婆娑，风声哀鸣，仿佛在对圆寂的师父轻声低语。此处不失为白雀庵一处神圣之所。

观音殿

再往东走，即白雀庵标志性建筑——正在建设的50米高的大观音殿，这是白雀庵在当地政府的支持下，扩建的一处最为重要的项目。此殿始建于2013年，整体建筑占地200亩，与白雀庵东西两院连成一片，形成一个整体院落。此殿沿用清代寺院建筑风格，高5层，建筑面积13600平方米，大殿主佛像为38米高的千手千眼观世音菩萨像，两侧墙壁摆供9999尊观音小像。二至五层融合了南和观音文化的传承脉络。殿内4部观光电梯直通殿顶，可供信众和游客一览寺院全部景观。此殿为目前国内最大的单体观音殿，殿内观音像是我国乃至世界目前最为高大的室内观音像。

如今的白雀庵，风景优美、环境清幽、绿树环绕、百花飘香，殿堂雄伟壮观，居尘寰而不染，已成为一处修行学习的好道场。

千手千眼观世音菩萨

5 历代名尼

在白雀庵1500余年的历史中,名尼众多,几乎每一朝代都有名僧。可惜,由于战乱和各种运动,其历史资料皆散落不知所终,今笔者查阅了大量历史资料,又四处寻访,搜集整理了有限的几位高僧的资料,今略介绍如下。

法盛

法盛,俗姓聂,清河(今河北清河县)人。南朝宋文帝元嘉十四年(437),其在建福寺出家修道。她超卓的才识、精湛的觉解,都是凭借独具的敏悟而获得。法盛自以为年迈之时,流徙寓居在京都,虽能欣逢王道隆盛、国泰民安,但故乡之恋仍是她的心结,因而她唯有潜心探究佛教的玄机妙理,方能排遣忧念，忘却老境。于是她就在白雀庵受持菩萨戒，自此，她白天披阅佛典，晚上就清谈佛理。渐渐她便自感神情清朗，灵府远廓，虽说已届高年，却无迟暮之衰，而是胜似壮年。她曾对同修昙敬、昙爱说："我立身行道，志在西方净土。"元嘉十六年（439）九月二十七日，她在佛塔下做礼拜，晚上得了病，病情越来越重。同月的最后一天晚上，夜幕初张，她和衣小眠，恍惚之间，进入梦境。她梦见如来自空而降，与观世音菩萨、大势至菩萨二菩萨讲论大乘、小乘。不久又与诸圣贤乘芳气、蹈云霭，飘然而下，来探望她。醒后，法盛向全寺尼僧详述了梦中所见，说完之后不久，法盛就入灭了，享年七十二岁。豫章（今河南汝阳）太守吴郡（今江苏苏州）张辩，对法盛一直很崇敬，故为她撰述如上（《比丘尼传》）。

安令首

安令首，俗姓徐，东莞（今山东沂水东北）人。父亲徐仲，曾出任后赵外兵郎。她自幼聪敏好学，言语清丽不俗；天性虚和冲淡，不以凡俗为乐；举止端雅娴静，唯以佛法自娱性情。长大之后，令首不愿受聘出嫁。她父亲焦急地劝说道："你应当出嫁！怎能抱这种态度呢？"安令首答道："我专心业道，去恶从善，冥想超凡脱俗，别人说好说歹我全不在意，我只求廉明清正自饶自足。做一个女子，为甚么一定要恪守三从之道，才能算作合于礼教呢？"她父亲说："你只想独善自身，又怎能兼顾到父母呢？"安令首说："佛法认为，人立身行道，是要普度众生，将大众从苦海里救脱出来，怎能仅仅限于父母双亲呢？"徐忡对女儿的话将信将疑，就去向佛图澄讨教。通过佛图澄的劝告，徐忡回家之后就答应了女儿的要求。安令首剃发出家，随佛图澄和净检尼受戒，并营造了建贤寺。佛图澄又把石勒所赠的袈裟及象鼻澡罐送给安令首。令首出家后，博览佛门经籍，过目就能成诵。她深造有得，思深识远，当时道众，无不宗仰崇奉她，随她出家的共有200多人。她又修缮了白雀庵，营治了修行的精舍。那些不畏劫苦的人，都能在此修心立业，有所成就。安令首父亲的上司石虎因敬重安令首，便提拔她的父亲徐忡为黄门侍郎、清河太守。

昙简尼

昙简尼，俗姓张，清河（今河北清河）人，为宋朝白雀庵法空尼弟子，曾游学于淮海一带，弘传佛门正法，先人后己，志在广施善举，普度众生。齐高帝建元四年（482），她兴建了法音寺，在法音寺中，禅思静默，领悟了三昧玄机，因而功德显赫，名声远播。善男信女无不敬仰她，为她源源不断地送来了供养。当时有慧明法师，精通禅学，深好寂静。他本来居住在道林寺，由于僧众不重禅学，大多注重义学，故而讲经频繁，来往不绝，道林寺成了纷扰喧嚣的场所。慧明深感此处不能入定，就想离开这里。于是昙简尼把精舍让给他住，自己就移居到京郊的白山。她在白山上另建草庵一座，以遮风雨。她以化缘来维持生活所需，又常聚敛樵木，说是做功德之用，实际上是为自焚做准备。齐明帝建武元年（494）二月十八日夜间，她登上聚敛起来的柴堆，引火自焚，舍此生死身，以供奉佛、法、僧三宝。邻近村落的人远远看到这里燃起了火光,就纷纷赶来扑救。等到众人赶来,她已经入化。善男信女哀恸不已,号哭之声震荡山谷。后来他们就聚其所余,为她立了坟,建了塔。

净渊

净渊,俗姓时,巨鹿(今河北巨鹿)人。他年幼时即有成年人的睿智,五六岁时,她常常聚沙为宝塔,刻木为佛像,又时时烧香拜佛,整天如此,并不厌烦。每逢别人谈话,她总喜欢发问,以探求其中深奥的道理。20岁时,她离俗出家,于白雀庵皈依佛门。刚开始,她因恋慕父母,不吃不睡,饮水持斋,也不听别人的劝告和晓谕,这样持续了整整七天。七天之后,她骤然大变,自觉蔬食长斋,不需别人苛责,就秉持戒律,精进不怠。因此,她受到了师友们的赞赏和敬重,也博得了远近人们广泛的赞誉。齐文帝对她相当敬崇,备尽礼遇,四时供奉源源不断,信使驿车来往不绝。她享年七十一岁,于梁天监五年(506)去世。

道寿

道寿,和阳(今河北省南和县)人。她本性清和恬静,以恭敬孝顺闻名乡里。年幼时,在家奉佛,道寿受持五戒,不曾有所造犯。南北朝时宋元嘉年间(424~453),她遭逢丧父,因居丧时过于哀恸,遂得重病。此病虽无痛痒的感觉,但体貌却枯黄消瘦不堪。病持续了好几年,却始终未见好转,虽经多方医治,但仍未能痊愈。她因此发愿:如疾病痊愈,就离俗出家。发愿之后,身体果然渐渐康复了。于是她如愿出家,居住在祇一洹寺中。在白雀庵出家后,道寿执操坚明,勤苦卓绝，诵习《法华经》，竟达三千遍之多。她专心一念，悉心奉道。

能修

能修，顺德（今邢台市）人，于新安观音山灵云寺出家。志切朝山，不惮跋涉，国内各大名刹，强半有其足迹。于民国6年始，任白雀庵主持两年。民国8年，率徒等5人，由上海乘船至南京。渡江后，步行经安徽、江苏、山东、河北四省而至北平。居彼中两月，继续向西进发，身旁既无分文，亦无干粮，沿途乞食。经河北、山西礼拜五台，复由陕西西安穿行四川全省，亲拜峨眉、鸡足等山。初，闻五族之西藏为一佛教国，上自政府，下及人民，无不信仰崇奉，汉人因其道路笃远，言语隔阂，往来者绝少。能修羡慕之余，尝欲一觇其实。当其发足之先，群来劝阻，语极危耸。能修饬从者5人，掩耳勿听，曰："勿乱尔心。"遂取道打箭炉，西向拉萨。前后所经，不下七十余站，由国民军联军总司令部盖印于其度牒，以便通行。川军杨邓诸军长，雅安道孚，康定炉霍、稻城甘孜各县知事，四川、西康两省佛教会会长，均以其牒后署名。途中大半步行，间以牛马土车代步，渡水登山，皆赤足。经过不少绳索桥梁，桥长数千丈，只容一人行走，悬空系置，甚为危险。至雪山时，雪深及膝，数日不见一人一屋，从者畏泣，能修挈畏徒闯雪独先，不稍反顾。夜则拥毡踞地，晨起视五人犹在，仍贾勇而西。既至拉萨，达赖喇嘛嘉其万里来朝圣地，亲自接见，颁给拄杖，长约五尺六寸，为乌水所成，雕刻极精，文采耀目，与真金无异。能修与徒参访顶礼，学习藏语及藏文经咒,在彼略住。于民国19年,仍步行经西康返川,行至湖北宜昌,为怡和公司襄和轮船执事所知,特予免费载能修等到沪。能修后又至西安,西安久无尼僧丛林,官绅居士,议改东关罔极寺以为之倡,欲择有德腊者主之。众以非能修莫属,遂于民国24年3月1日,公送入院。能修任住持,各方对之均抱好感。预料前途,将有更大之发展,尼僧之纲纪,必倚之而获振也。

能文

能文法师幼时本是一个弃儿。民国6年(1917),正值瘟疫横行,真可谓处处有饿殍,村村闻哭声。这年9月中旬的一天早晨,一群人围拢在河北省南和县城西关外的一口井边,长吁短叹,议论纷纷。一位游方老和尚走进人群,驻足谛听,才晓得这儿丢弃了一个长相丑陋的小女孩,而且病得很厉害。这年月,谁能救活她?谁又能养活她?老和尚念声"阿弥陀佛",说道:"请众位善人行个方便,让我来度她。"便走进人群中,从井与坑中间的小道上,抱起那个用旧被子裹着的小孩。解开包裹一看,里边还有一张纸,许多人凑上去看,只见上面写着:"此女父母得重病全死,家贫如洗。小女孩染上重病,不会行走,乞求好心人救命抚养,她父母九泉下叩头谢大恩了。此女属龙,民国五年二月十八日(春分)生于范庄。"老和尚二话没说,抱着小妮儿就奔向县城。后来人们才得知,这个小妮儿是南和县范庄村一个贫苦农民家庭的孩子,俗姓杨。她尚未满周岁,母亲因生活所迫离家出走,从此失去母爱。饥饿使她瘦得皮包骨头,多病使她昼夜悲啼。父亲无奈,

一 古刹春秋　27

能文法师（能文又名证文）

抱她去找姨母。姨母无力抚养，把她送给河郭乡一户农民收养。两个月后，因其病情不见好转，收养父母又把她抱回姨家。外祖母和姨母含泪把她放到井边，希求有好心人将孩子救走。

收养小妮儿的老和尚便是觉林法师，他是白佛村白佛寺的一位得道高僧。觉林法师抱着小妮儿来到县城西关，长跪在西关义和药铺门前代缘求医，感动得众乡亲纷纷解囊，感动得药铺老板舍诊舍药。从此，一老一小在南和这一带的艰难生活就开始了，十里八乡也都知道了这么个老和尚抚养的"小瘟妮儿"。白天，觉林法师背着她四处化缘，好的让她吃，差的自己吃，还按时给她煎药、喂药。晚上，他们就住在西关奶奶庙里。觉林法师把乡亲们施舍的较好的被褥给她用，较好的衣服给她穿。西关的乡亲们都伸出援助之手，你一勺，他一碗，你一线，她一缕，帮着觉林法师把小妮儿养活了下来。

　　在觉林法师的精心照料下，"小瘟妮儿"的病痊愈了。民国7年（1918）2月19日，觉林法师正式给"小瘟妮儿"剃度，赐法号能文。从此，人们都把"小瘟妮儿"改叫小文儿了。每天早上4点钟左右，她就起床，跟师父学做朝时课诵。食时，她跟着师父沿街托钵化缘。据说有一次，一群小伙伴跟在她后头取笑她，她便厉声呵斥他们。师父马上给她开示说："修行人主要是修忍辱。应该把他们都看成未来的佛，面对他们，一点儿嗔恨心都不要有。嗔恨心一起，就是火烧功德林，白修行了哇！"从此，小文儿走在街上，落落大方，端庄安详，目不斜视，边走边小声念佛。化缘外的时间，小文儿就习仪规戒律，背诵经咒。小文儿5岁时，就将早晚课的经咒和《金刚般若波罗蜜经》《观音菩萨普门品》背诵得滚瓜烂熟。暮课结束后，在师父指导下，小文儿跏趺打坐，净心参禅。她几次要学师父那样彻夜坐禅不倒单，师父不准许，说她岁数太小，最早得等到14岁。她8岁那年的一天夜晚，坐禅入定时突然高兴得跳了起来,笑着告诉师父说:"我突然感到浑身轻松,觉得特别光亮,观音菩萨用手抚摸我了!"师父喝止她,郑重地开示说:"那是你还有贪图神异效果的妄念。凡是有相,皆是虚妄。那都是假的。佛来斩佛,魔来斩魔,一切幻境全不理睬就对了。"小文儿点点头,把师父的话牢记在心里。

小文儿9岁那年,和几个小伙伴到野外挖野菜。她带着一个荆条筐,其中一个小伙伴带了一条布袋。半晌,突然天降大冰雹。她把荆条筐让小伙伴戴到头上,而冰雹却砸伤了她的头和肩膀。回庙后,觉林法师一边给她敷药一边说:"好徒儿,你做得很如法。修道修道,就是要世俗观念倒过来做人。'倒过来'是什么意思呢?就是好的给他人,坏的留给自己。"小文儿忙说:"修道就是把生死的门关闭上,什么是生死之门呢?就是欲念,就是私心。"于是,这空寂的西关奶奶庙内,荡漾起一老一小的笑声。觉林法师称赞能文:"一身钢铁骨,一颗慈悲心,一生行善提,一尼济万民。"

13岁的小能文长得憨厚健壮,高个子,长方大脸,很像个愣小子。觉林法师就安排她去西关姓靳的家里居住。这时的能文,担水挑粪、碾米磨面、耕种锄耪、赶车出圈,样样农活都拿得起来。她把靳家给的钱和好吃的东西,全拿到西关奶奶庙送给师父。15岁时,觉林法师就带她徒步到五台山碧云寺受了具足戒,能文从此就成为一个名副其实的比丘尼了。

1935年觉林法师圆寂往生。圆寂前一天,觉林法师再三嘱咐能文:"我明天就要往生了,你不要悲伤,要接我衣钵,续佛慧命。牢记我最后四句偈:严戒随缘度,身心奉尘刹,真尼花重开，净土遍中华。"第二天正当辰时，觉林法师安然端坐，片刻说声"能文，我随佛去了"，无病无痛，坐化而逝。这对能文来说，又是一个很大的震撼，也是一个强力的增上缘。

师父圆寂后，能文独自住在西关奶奶庙念佛修持，独力支持，昼耕夜纺，历经战乱，艰难度日。虽朝不保夕，仍念佛不辍。

能文为生计，给乡亲们打短工，东家干几天，西家干几天，挣了钱除了维持生活，就修缮奶奶庙。许多岁数大的人都说，每逢秋收麦忙，能文法师就到各户讲经说法，化缘乞粮。

1936年，国民党32军把庙内佛像拉倒，西关奶奶庙暂断香火。能文靠纺花织布糊口，靠挖野菜、捋树叶充饥。值此艰难之时，一位贫苦农民又给她送来一个不满周岁的女婴。她联想自己不幸幼年，发佛家慈悲善心，毅然收留这个弃婴，并为其取名释仁祥。1940年，她带着小仁祥，托钵化缘，省吃俭用，修复该庙15尊佛像。

那几年，能文法师收养过3个孤儿，她对待孤儿，完全像觉林法师对待她那样，倾注慈母般的呵护。有一名孤儿叫祥子，能文法师织布纺花，打工挣钱，供她上学。后来祥子考上师范学校，毕业后，到了邯郸，并成为一名人民教师。

抗日战争时期，能文法师营救一位地下党员的事迹，是许多人都知道的。那是1940年春天的一个傍晚，能文法师正在做暮时课诵，突然庙外响起一片嘈杂声。能文法师想把庙门关紧，刚对住门，就闯进一个人来，把能文法师撞了个趔趄。那人低声急促地说:"快藏藏我,我是八路!"能文法师迅速移开蒲团座位,掀开炕席,让那人藏进炕洞里。能文法师又闪电般放下炕席,挪回蒲团,坐回蒲团上,合眼打坐。这时,十几个日本鬼子在两个汉奸指引下,扑进庙里。好几把明晃晃的刺刀就顶在了能文法师胸口上。能文法师神情自若,鬼子发疯似的把屋里的东西都砸了个稀巴烂。其中一鬼子用刺刀往能文法师头上一戳,能文法师血流满面,头一晕,挣扎着倒在炕席上。等清醒过来,鬼子已不知去向,摸摸炕席,还好好地铺着,能文法师胜利地笑了。

还有一次,日本鬼子抓壮丁,把她当男人抓走了。经汉奸点破,鬼子才知道她是尼姑。白天,鬼子让她担水做饭洗衣服,晚上,逼她站岗放哨。一天傍晚,鬼子命令她看守一群刚被抓来的年轻妇女,结果,她带领并掩护这些年轻妇女逃走了。据说,这群妇女中,受她的弘法熏陶,有11人都剃度出家了。

新中国成立后,能文师徒受到政府保护,禅农兼作。她同其他群众一样分得土地,从此开始农禅相兼的生活。

能文始终严谨持戒,时刻精进念佛。她头箍粗布巾,上身穿对襟褂,下身着宽腰中式裤,脚蹬毛毛底纳帮鞋,肩不离担和筐,不是筐内藏经卷,定是怀里揣经书。大家都知道:地道中、炕洞里、床底下、柜后头、高粱玉米地里,都有过她的诵经持咒声和坐禅的痕迹。听过她讲示佛法和劝告的人,接受她的恩泽和布施的人,数不胜数。

1978年以后,能文为了弘扬佛法,增持戒律,带领徒弟朝拜五台山，一路托钵化缘，撒下一路弘法种子。据她徒弟说，当时能文虽然是60多岁的人了，但她总是大踏步在前，有时还替徒弟背着行李。每逢借宿处，能文总是给徒弟用针挑泡，灌进煤油，然后再讨热水给徒弟泡脚，最后再管自己。徒弟见师父脚上的泡也不少，但师父连哼都没哼过一声。历尽一路的艰辛，师徒到了五台山碧山寺，又到十方普济禅寺、广济茅蓬依止灵空法师，增受三坛大戒后回到白雀庵。

当时的白雀庵，荒芜一片，土疙瘩上只有用砖头砌的一间小屋。这时的能文法师，立誓兴复白雀庵。募资化钱的艰辛工程又开始了。一个香袋一个钵，两条腿一年多，走遍了半个中国。镇市乡庄，村村户户，至诚弘法化缘。四月和九月都有白雀庵所在地的大庙会，她和众徒弟在庙会的几处显眼地方，设坛化缘。当时凡是去过南和县赶过白佛庙会的人，都见过能文法师恳切至诚的高声劝示："各山长老，护法居士，光临的善人们，广大佛教徒有要求，千年古刹白雀庵要修复，敬请各位发菩提心，广种福田，随缘布施。捐款百元以上者，功德芳名，镌刻碑上，与世长存，千古流芳……"她每天都是衣服湿透，手巾拧水。三年内，能文筹资数万。十方的布施源源不断地寄送到白雀庵来。

其时，由于"破四旧"，白雀庵已被夷为平地，只剩一片废墟，一些古刻残碑散乱地分布在乱草丛中。经过释能文的多年苦心经营，这座历史名庵再次重放光彩。

如今的白雀庵，亭廊殿阁，秀丽庄严，花草树木，绿荫成行，正逢兴盛时期。

能文法师舍利塔

能文积极参加党和政府安排的有益的社会活动,她曾任南和县政协委员、邢台市政协委员、邢台市佛教协会副会长,应邀参加河北省佛教协会成立大会。2002年农历三月初八,释能文圆满示寂。法师僧腊84年,戒腊68年,世寿86岁。能文往生后,瞻拜活动七天七夜。同年农历三月十五日,由净慧法师亲自主持荼毗仪式,观瞻仪式的僧人居士、信众达万余人。荼毗后,得舍利数颗。80多年的修行生涯,虽历尽沧桑,饱受磨难,但能文法师始终以身作则,爱国济民、弘法利生,得到如此感应,令人赞叹!她一生热爱中国共产党,热爱新中国,热爱劳动,热爱群众,热爱社会工作,曾被誉为"党外的共产党员""非党人士楷模"。她热爱佛教,功德卓著,贡献重大,受到广大佛教徒和信众的普遍敬仰。

释悟贵

释悟贵,俗名刘风群,1969年生于河北省威县。威县是一个佛教兴盛之地,而悟贵的家乡更是信众甚多。当地有一座崇兴寺,当时国家改革开放不久,有明、弘川等高僧大德常去崇兴寺交流讲经。寺里有几位老师父经常悄悄地聚在一起说法念佛。耳濡目染,刘风群受到他们的影响,心里渐渐向佛。

悟贵法师

刘风群 16 岁那年,与村里的好姐妹共 10 个人,一起去五台山拜佛。那一次回到家后,有 3 个姐妹都出了家。父母看实在扭不过她,只好带着她到南和县白雀庵找到能文法师。

1988年,小凤群在白雀庵由能文法师剃度,法名释悟贵。初进白雀庵,她跟谁也不说话,庵里的人都以为她是哑巴。过了好长时间,她才渐渐与人交谈,跟着能文法师和其他老尼师学习功课文化。

能文法师看悟贵与佛有缘,有意加强培养,学习中对其严格要求,当天的功课完不成不让她睡觉。

能文法师常教导悟贵,要善待所有人,哪怕对自己不好的人,也不去伤害。由于她看上去很木讷,就有人看不起她,有了坏事就往她身上推,她从来不去辩解,默默地忍受着,从不计较。但是,师父的一举一动、一言一行,她都默默地记在了心上,一点一滴地感受着师父的博爱。

1991年,悟贵于江西省云居山真如禅寺受具足戒,得以亲近一诚、圣一等佛门大师,因其谦和博爱,深受器重。之后,她随能文法师应缘募化,参与白雀庵的开放重建工作。悟贵在白雀庵修行过程中,弘扬观音慈悲精神,禅律兼修,克己正行。悟贵行遍祖国大江南北,将佛法普世精神遍洒世间。

自悟贵在白雀庵出家后,弘川和有明法师曾多次来看望能文法师,并在戒律和修炼上给予悟贵很深的影响。

1999年,能文法师身体每况愈下,自感不久于人世,便将白雀庵托付予悟贵,这是谁也没有想到的事。因为在能文法师所有的弟子当中,悟贵是最单纯木讷的一个。但能文法师看中了她。得大道者,不在聪明伶俐,而在无言。2002年,悟贵当选为邢台市佛教协会副会长,2006年当选南和县佛教协会名誉会长，为南和县政协七届、八届、九届委员，现任河北省佛教协会常务理事。

2011年2月初，悟贵从白雀庵起步，三步一跪拜，朝拜五台山，拜访五台山上的高僧大德，参悟佛法。经过50天的长途跋涉，竟减轻了35斤。本来白净的肤色，也晒成了黑紫色，熟人都认不出她了。五台山海会庵里的法师看到她时简直不敢相信自己的眼睛，这可是三百公里之远的路程啊！

这次朝拜五台山，使悟贵对佛法、对人生，又有了更新更深的认识。初进五台山，一股圣洁之气扑面而来，她顿感一种神圣从心灵深处升起，犹如踏上了仙境一般。她来到金阁寺拜访当家师父，请求为她开示。过十字铺，来到莲花寺，老法师做了大米饭招待她，临分别送给她一些硬烧饼以便她在路上用水泡开充饥。接着，悟贵三步一跪，脚步不停地朝拜了五台山东南西北各顶。正是三月天气，山顶上，朔风劲吹，风雪交加，只穿着一身单衣的悟贵却时时浑身冒汗，她的心中只有神圣，只有向往，只有佛法，只有感悟。她来到普济寺，普济寺是她师父能文法师的受戒之地。

不仅仅有朝拜的独特神圣，一路上，悟贵还遍播佛法，结下不少善缘。在元氏县，沿路群众都来拜访她，与她结成善友。许多群众和居士经常与她联系，还有些人专门来到白雀庵拜访她。

悟贵接任白雀庵住持后，她传承能文法师的德行、慈悲精神，普度众生，救苦救难。

平乡县有一名女居士来到庵里哭求她："师父，救救我儿子吧。"悟贵忙问缘故。女居士说,儿子不务正业,天天酗酒,怎么说也不听。于是悟贵耐心劝说其儿子,终于使浪子回头。

南和郝桥镇有一个人,父亲被电死,21岁的儿子又被高压电烧伤了全身,去石家庄治疗,医生说活不了了。他的儿子醒后,一看自己全身烧得没有一处好皮肤,一副人不人鬼不鬼的样子,便寻死觅活,是悟贵的耐心开导,让他的儿子重新鼓起生活的勇气。如今,伤者已经26岁,生活完全可以自理,虽然身有伤残,但他依然感到人生很美好。

悟贵法师照顾瞎老臭的故事,更是为人称道。起初,瞎老臭常在一个荒着的西关奶奶庙中栖身。一次,瞎老臭回家烧纸,在取暖时被火烧坏了腿,失去行走能力。悟贵听说后,专门派人伺候,数年如一日,一直伺候到他去世,并找车将遗体送回家里,使其入土为安。

有一个隆尧县人,叫会元,脑子不清楚,喜欢自己在旮旯里窝着,无家无地,生活不能自理。悟贵管其吃住,四五年如一日地关照他。

沙河市一个小伙子,在玻璃厂上班,不小心把自己的父亲撞死了。小伙子自责不已,感到无脸活在世上,以打麻将混日,每次都输不少钱。妻子不堪忍受他的堕落,与他离了婚。小伙子来到白雀庵,向悟贵诉说内心的苦恼。悟贵耐心劝导,使其摆脱烦恼。

这样的事还有许多,举不胜举。悟贵在用行动实践着自己的佛法善行。

近年来，在悟贵法师的带领下，白雀庵的弘法事业和寺院建设取得了飞速发展，白雀庵逐渐成为河北最大的女众道场和观音文化旅游圣地。

6 白雀庵外名胜多

历史名刹白佛寺

在古代，凡有寺的地方，其附近定有庵，凡有庵的地方，其附近必有寺，此即所谓"有庵必有寺"。白雀庵也不例外，在其西邻数百米之处，即有另一处颇具规模的香火盛地——白佛寺。

白佛寺始建于两晋时期，占地数十亩。初时殿堂巍峨，宝刹庄严，住僧百名，度化一方，与白雀庵遥相呼应。据现存古碑记载，古佛千光王静住如来曾示现于此，为观世音菩萨讲授《广大圆满无碍大悲心陀罗尼》，即《大悲咒》。因千光王静住如来示现之时，通体白色，细腻光泽，具三十二相、八十种庄严相，白佛寺由此得名。

白佛寺古昔全兴之时，金刹梵宇，峻极云天，开堂接众，道风蔚盛。后经唐、宋、元、明、清历代修缮，颇具规模，是南和史载法脉延承最久古刹之一，相继有数十位祖师大德在此驻锡修行，弘法利生。明代著名禅宗大师、少林寺第二十四代传法住持小山宗书（1500~1567），河北省南和县人，曾修行于此。当时白佛寺僧众多达数百人。小山宗书是历史上口碑一直颇佳的人物，时值少林衰微，是他弘扬禅林，中兴武术。据传他曾挂帅出征抗击倭寇。

据《南和县志》记载，白佛寺最兴盛时期是元至正年间，其时白佛寺占地近百亩。

白佛寺虽年代久远、失修，但依然可辨识出其元代建筑风格，殿内梁架及扉窗均保留元代建筑形式。白佛寺最初由三个大殿组成：一为前殿，也即四大天王殿；二为二殿，即罗汉殿；三为后大殿，又称石佛殿，实为水陆殿。水陆殿为硬山式建筑，面阔16米，进深7.8米，高5.5米，殿内有8根青石菱形石柱，每根石柱中上部刻有神台、榜台、佛像以及奉献人的姓名。石柱上的铭文、佛像、梁檩上的彩绘痕迹，是研究佛教历史生动的实物依据。

如今，部分殿墙残存。寺内耸立的一座古殿，默默见证了南和第一古刹的沧桑历史。在广大佛子的恳请和悟净法师的悲宏誓愿感召下，经有志之士多方筹措，2013年9月白佛寺重建全面启动，践行人生佛教之理念，以期与有缘善信共建六合净土，同证毗卢清凉。

近年来，在邢台市佛教协会和众多信众的支持下，白佛寺恢复重建。新建的白佛寺南北长119米，东西宽39米，修复水陆殿一座，高8米，阔19.5米；内有千光王静住如来白佛像1尊；大雄宝殿，观音殿，禅堂，东、西寮房五十余间以及其他殿堂。

和阳古城

南和县古称"和城"，别称"和阳"，是一个文明、古老的城池，据《禹贡》记载，其属冀州；据《周礼·职方》记载,其属邢;春秋归属晋,战国属赵。自西汉(前202)始置南和县,治所即今县域。三国魏黄初二年(221),南和更隶广平郡,此后南和并入任县。隋开皇三年(583)置南和郡,南和县改属洺州。宣和元年(1119),邢州升为顺德府,辖南和县,此时南和更名澧川(因澧水过境而得名)。明洪武元年(1368)复名南和县,仍属顺德府。民国二年(1913)南和县改隶冀南道。1949年10月1日,中华人民共和国成立,南和县仍属邢台专区。1993年邢台地区与邢台市合并,南和县仍属邢台。

　　南和县历史悠久,人杰地灵。古城建筑,东西宽,南北窄,颇像一顶封建时代朝官的"纱帽"。北城墙中间,有一外凸部分,形似纱帽壳篓;由北向东西方向延伸的部分向里收缩,状若两个纱帽翅。如此建城原寓有"重臣名宦"摇篮之意。人口仅有十余万人的南和县,在中国古代历史上有籍可查的名人就有丞相2人、尚书7人(敕封、诰赠尚书3人)、状元1人、进士18人、举人121人、正三品以上官员12人。唐朝宰相宋璟、明朝右副都御史朱正色等著名人士,现代著名书画家白寿章等都是南和人。南和县内重要的名胜古迹有:汉代吴村古墓、北齐造像碑、大隋洺州南和县澧水石桥碑等众多文化古迹。

隋碑与澧水石桥

　　明朝大学问家归有光科举后出任顺德府(今南和县所属邢台市)通判,他"雅好文物之文",特致书南和县知县徐儒:"向求慧炬寺断碑,又城北东韩村东岳庙中有开皇石桥碑记,并乞命拓一二本。官舍无事,颇慕欧阳公集古录,力不能也,以此相累,幸不罪。"

据《邢台通史》介绍,归有光到顺德当通判,向下属各县要了两个碑文,一个是沙河市十里铺村的唐朝名相宋璟碑,另一个就是南和县东韩村的澧水桥石碑,在目前归有光留传下来的《震川集》和《归太仆集》中均有记载。

其实,不单单归有光对此碑重视,清代学者王昶收集商周铜器及历代石刻拓本一千五百余种,编为著名的《金石萃编》,其中就载有此碑。荣宝斋出版的《中国书法全集》及《中国书法欣赏大辞典》等权威书法书籍中均有对此碑的记载。据专家介绍,隶书发展到汉代达到顶峰,而此碑碑文在隋代时属最高水平。因此,即使中国书法史上,此碑文也是不可绕过的书法名篇。

这块隋碑,目前仍在南和县东韩村小学院内保存着。

南和澧水石桥碑无论从书法艺术角度,还是从历史角度来说,都具有独特价值。

据《南和县志》记载:"碑刻于隋文帝开皇十一年(公元591年),在南和县东韩村小学院内……澧水石桥……龟跌座,龟首被砸掉。半圆形碑首上刻四龙图案,碑额为篆书阳文'大隋洺州南和县澧水石桥碑'。阳面碑文为隶书阴文,字里行间略显方格,笔法工整,遒劲厚朴。碑阴有明嘉靖十一年(公元1532年)南和县令易宗周题隋碑诗一首,碑额有易宗周之子篆收附识,称此碑'文字雄壮而隶书精妙,尤可师法'。澧水石桥碑身下部,由于风化剥蚀部分已看不清楚,碑身两侧被人砸残,参差不齐。1976年当地政府为保护该碑而建立攒尖顶式碑亭。"澧水石桥碑记载了隋代澧水河的泛滥、地理变化和当地民众修桥以济交通的事实,考证甚详,对有关部门研究澧水河的历史变迁,有着极为重要的科学价值。1982年(此碑)被公布为河北省重点文物保护单位。"

原邢台地区公路史志编写委员会1985年7月印制的《邢台地区古代道路史》中"隋朝襄国道路桥梁"部分载:"襄国郡东部南和县,在澧河上也建造了大型石桥,虽然石桥在明代被洪水所毁,但在东韩村尚有澧河桥石碑。从碑文'碧柱浮空,烟云等色,金堤枕浦,杞柳交阴'的记载看,此桥为盖板石桥。系南和老人宋文彪捐资修建,为连接襄国与东部清河等郡之交通发挥了重要作用,对经济、军事也极为有利。公元1447年(明英宗十六年)此桥毁于洪水,后来架之以木。"

大隋洺州南和县澧水石桥碑因立于隋朝之故,又被当地百姓称为"隋碑"。据当地群众传说,现在石碑所处的位置就是本来的位置。1975年,南和县文保所专门派人挖掘过此桥,但没有找到。现在在东韩村东的东岳庙内还存有原桥石栏杆。此桥虽被水淹,但据桥的坚固程度判断,可以肯定,此桥并没有毁坏,只是被洪沙冲埋地下。由此碑上的文字和至今依然活着的两棵柏树可知,该碑所记载的澧水河大桥位于此处。

位于南和县城北2公里的东韩村小学正南方数十米的南北路两旁,两棵高大的古柏耸然而立。古柏有两人合抱粗,6丈余高。树脚下就是石桥,这就是当年连接邯郸与宁晋的澧河上的交通要道。

有史记载,此桥建成后有两通石碑,称为"姊妹碑",也叫前后碑。现存的这通是前碑,另一通石碑于1959年鸡泽县修沙阳大桥时被拉走。

上了年纪的南和县城人都知道,在南和县城流传着这样两句话:三柏一孔桥,五里铁打路。"三柏一孔桥"意思是说,在南和县城东韩村,有3棵柏树1座桥;"五里铁打路"是因为古时这段路两边全是打铁铺,日久天长,铁屑遍地,路面像铁铺的一样。据南和县原文化局局长刘儒印介绍,1958年全国大炼钢铁时,还曾到路上拣铁屑卖钱呢。

现在的澧河在南和县城南数里,而此碑怎么在此处?有人说此桥在古北澧河上游,自百泉坑而来,历史变迁河消桥淤,只剩下了石碑;也有人说是历史上的南澧河流经此处,后由于河床滚动而河走碑存。

历史资料显示,这座大桥头上的柏树原来本是成双成对的。据隋碑上记载,此桥头原有4棵柏树,但只活了3棵(也有人说本来只栽了3棵)。据记载,其中一棵古柏由于品种原因,木质较脆,1940年被风刮倒,时任南和县县长秦新民派人将其拉到左村作为他用,所以只剩下目前的两棵古柏。

目前,只露着一个头的桥,据本村群众传说,是第三代大桥了,下边还有两层桥被淤埋。大树由于被埋,长得不旺。像这么古老的柏树,在邢台市并不多见。本村一位在北京工业大学执教的教授深知此树的价值,1978年他自费把自来水引到树根下为其浇灌。澧河大桥的存在是毫无疑问的,桥早已不复存在,即使第三代桥也已经被深埋在路下,只露着几块大青石头,丝毫没有什么可值得注意的地方。如果不是专家介绍,谁都不会相信,这里竟会埋着一个名震中华大地的名胜古迹。

对南和县历史颇有研究的县文物保管所的肖中怀说:"如果真能找到这座大桥,意义是显而易见的。如果能把这座桥挖出来,其价值更不可估量。因为目前全国隋朝桥梁只有赵州桥一座了,如果能把这座桥挖出来,(它)可以与赵州桥相媲美。"

天下无双朱正色墓

自白雀庵南行六七里,有一小村,名叫朱营。此村东行200米,可见一片数十亩的白杨林,郁郁葱葱,树叶婆娑。林中一片古墓,占地十几亩,规模宏大,气势壮观,这就是古今闻名的明朝重臣朱正色墓。

朱正色(1538~1606),字应明,南和县朱营村人。他12岁入县考,13岁参加府试,补博士子弟。及长,学识渐深,兼攻兵法,36岁中进士,次年选为河南偃师县令,后调任首辅张居正家乡江陵任知县。到任后,他革除弊制、减免租税、放宽禁令、平反冤狱、免除杂役、兴办学校,这一系列措施,令江陵百业兴旺,一派升平景象。张居正称朱正色是江陵200年不遇的"善政"好官。此后,朱正色调任南京兵部车驾主事(兵部员外郎),转升肃州兵备佥事,教阵法、习技击,练武御敌,曾数平边患。宁夏守将勃拜、刘东发动叛乱,纠合叛兵割据西北47县,烧杀抢掠无恶不作,州县守官或投降或逃难,形势十分严峻。朱正色受命平叛,单骑赴任,获大捷,从此名闻天下。

朱正色还乡后，万历皇帝16道嘉奖圣旨为其立碑传世，在南和县城府前南街为朱家建立三座高大雄伟的古牌坊，命名"平定边疆牌坊""金吾世胄坊""天恩覃敷坊"以彰其功。朱正色病重之故后，万历皇帝又特批白银数十万两，为其建造高规格的墓地，其规模之宏大，在当朝同品官员中无人可比，世人称朱正色墓"天下无双"。

朱正色墓坐北朝南，现存墓4座，其中3座分别为朱正色父墓、朱正色母墓和朱正色妻左氏墓。朱正色墓封土高1.5～2米，墓地现存圣旨碑三通，碑高3.2米、宽1米、厚0.32米。

朱正色墓前原有16块高大的圣旨碑，16道圣旨全是对朱正色一生中不同阶段事迹的表彰，尽管由于种种原因多块碑被毁坏，但这种规模形式在全国绝无仅有。墓的前方，高大的圣旨碑立于墓的两侧，上有二龙戏珠，下有龟座承重，虽已历经四百余年风霜雨雪的侵蚀，但阴刻楷体的正文和阳刻"圣旨"二字依然清晰可辨。尤为奇异的是，能够清楚地辨别出碑上面的鱼虾等动物残迹。传说，因朱正色的家乡南和地处平原，要想将高3.2米、宽1米、厚0.32米的大石运到南和，仅运费就需10万两白银，而且，全靠在冬天泼水成冰一步一步地滑行。碑修好后，到了晚上，碑上时常散发出奇异的微光，后来人们才知道，这是一块化石碑，光源可能产生于鱼虾等海生动物。

伫立在墓前的文官和武将雕塑虽然衣着不同，但面相如同一人，表明朱正色文武双全。雕塑的整体结构非常和谐完美，头部稍稍倾斜，手捧笏板，为明代朴拙遒劲之风格。

墓前有人面羊身兽，四目怒睁，瞪视着远方，守护着陵墓。据有关专家介绍，此类雕塑河北仅发现此地一处。墓前原有石马一对，神骏威武，盗墓贼把马的头敲下来运走。新中国成立后，为了保护马身，朱家后代将它运到村委会保护起来。墓前原还有石供桌2个、石香炉6个、石马2匹、文臣2人、武将2人，道旁有石狮1对、石虎1对、石羊1对、石鹿1对。另有许多墓葬物品。

二　观音传说

1 观音菩萨身世传说

观音菩萨的身世是佛教观音信仰的重要内容之一，它是指观音成道前的各种履历，包括家庭、诞生、修习、身相、成长以至最终成道。佛教所说的成道即成就佛法之道，彻悟佛法之理，超出三界凡俗，进入圣者之流。

不过，传统佛教更多的重视观音成道后的救世神力，而对于观音的身世却含糊其辞，以致在中国出现了"观音未有世家传，虽善无征"这样的说法。这种宗教文化现象的出现，除了佛教信徒出于宗教信仰的需要着力渲染观音的"善"却忽视其"征"之外，印度佛典本身记述相互不一且支离破碎也是一个重要原因。印度佛教在不同时代、不同地区出现各类不同的大乘经典，这些经典对观音菩萨的出身与经历进行了各自不同的说明。佛教传入中国后，有关观音的身世情况又出现了中国式的记述。所以说,要对观音菩萨的身世做一完整的、单线条的描述是不可能的。如果走出这些支离破碎的记述,站在某种高度上来宏观把握佛教的发展历程,我们就可非常清晰地看到,观音身世信仰的渊源与发展演变的基本脉络主要是由三大部分组成的:一是前佛教时期观音形象的萌芽,二是印度大乘佛教男身观音说,三是中国佛教的女身观音说。

前佛教时期观音形象的萌芽是近年来观音研究方面的新突破。据婆罗门教的经典《梨俱吠陀》的记载,远在公元前700多年,那时佛教尚未创立,婆罗门教有一尊名叫"观世音"的慈悲善良、神通广大的神,他的形象是一对孪生的小马驹,有时也变化成天真活泼的儿童——一对孪生的兄弟,或骑着马,或驾着鸟拉的金车,在黎明时分从天空飞驶而过,这位善神能使盲人重见光明,能使病人恢复健康,能使枯木开花,能使公牛产奶……

大约在公元前300年,佛教与婆罗门教合并,佛教把这尊婆罗门教的善神吸收到佛教中来,他的形象还不是人形,而是一匹生着双翅的小马驹。"双马童"即观音形象在印度婆罗门教中的最早萌芽。印度大乘佛教产生后,婆罗门教中的"双马童"观音正式成为佛教神殿中的一位慈善菩萨,名叫"马头观世音"。此时的观音,无论从形象上看,还是从其功法与职司上看,仍然保留着"双马童"的许多特点,其形象依旧是一匹可爱的小马驹。到公元元年前后,相当于中国的西汉末期,随着大乘佛教体系的进一步完善,人形男身的观世音出现了,"马头观音"的形象正式变成"勇猛丈夫"之身。同时,大乘佛教还对这位观音的身世做了许多新的解释,从而与昔日的"双马童"断绝了亲缘关系。这样观世音就不能不有一份合情合理的出身履历了,于是解释观世音出身来历的经典逐渐出现了。

记述观音身世的印度佛典主要有以下几种。

1.《悲华经》

观音前身为很早以前删提岚国无诤念国王的儿子,名叫不眴。长大以后他听从大臣宝海的劝化,与父王一起随宝藏如来出家修行。后来,父王被授记作阿弥陀佛,他则在佛前发誓道:"愿我行菩萨道时,若有众生受诸苦恼恐怖等事,退失正法,堕大暗处,忧愁孤穷,无有救护,无依无舍,若能念我,称我名字,若其为我天耳所闻,天眼所见,是诸众生等,若不免斯苦恼者,我终不成阿耨多罗三藐三菩提。"于是,宝藏如来当众为不眴太子授记道:"善男子!汝观天、人及三恶道一切众生,全大悲心,欲断众生诸烦恼故,欲令众生往安乐故,善男子,今当自汝为观世音。"后来,宝藏如来因不眴太子在做观世音菩萨时,"已能大作佛事",所以又为他授记说,等阿弥陀佛涅槃以后,在一个比极乐世界更美妙庄严的世界——一切珍宝所成就世界中,他将又从观世音菩萨身上升到至高无上的佛地,名叫一切光明功德山王如来。

2.《观世音菩萨授记经》

观音是过去一个名叫"无量德聚安乐示观"的世界中王室花园内的一朵莲花化生的童子,名叫宝意。宝意与同时在另一朵莲花上化生的童子宝上为名叫威德的国王宣讲一切皆空、不可执着的道理,深得国王敬仰。后来,他们一同前去拜见"金光狮子游戏佛",向佛请法,并发誓"当于万亿劫,大悲度众生",由此成为观音菩萨,而另一位童子则成为大势至菩萨。宝意之所以在刚刚化生之后就了达一切皆空的微妙义趣,是因为他在无数个前生中曾供养诸佛种诸善根,成为所有众生中最勇猛者。后来,威德国王成为释迦牟尼佛。观音菩萨也在阿弥陀佛灭度之后继承佛位,号为"普光功德山王如来",国名叫"众宝普集庄严",国土美妙无比,如来寿命随意。

3.《大悲心陀罗尼经》

观音菩萨是远古时期一位名叫"千光王静住如来"的弟子,这位如来佛为他宣讲"广大圆满无碍"的《大悲心陀罗尼经》,并以金色手抚摸他的头顶,说道:"汝当持此心咒,普为未来恶世一切众生作大利乐。"于是,这位弟子立即从初地阶位超至第八地,并当着如来佛的面发誓道:"若我当来堪能利益安乐一切众生者,令我身千手千眼具足。"经中说,这位弟子一发此愿,顿时具足千手千眼,而且,十方所有的佛放光照触其身,从此他便成为观世音菩萨。

《广大圆满无碍大悲心陀罗尼经》和《千光眼观自在菩萨秘法经》还记述,远在无量劫中,观音菩萨就已成佛,名叫"正法明如来"。但是,为了济度一切众生,他倒驾慈航,示现菩萨之身。经中说:"此菩萨名观世音自在,亦名捻索,亦名千光眼。此菩萨有不可思议威神之力,过去无量劫中已做佛竟,号正法明如来。大悲愿力,为欲发起一切菩萨,安乐成熟诸众生,故现作菩萨。"这种身世说别具一格,它把观音说成是正法明佛为拯救众生而降低身份，放弃佛位，显化成菩萨。《观音三昧经》载，释迦牟尼佛说过："观音在我前成佛，名'正法明如来'。我为苦行弟子。"当时释迦牟尼佛在其座下为苦行弟子，观音不但早就成佛，而且还是释迦牟尼的老师，只因他发下大慈大悲宏愿，要济度苦难众生，又现菩萨相，来到这世界。

4.《十一面神咒心经》

观音菩萨过去世中曾"作大仙人""作大居士"。经云："我忆过去殑伽河沙劫前，有佛名'百莲花眼无障碍顶炽盛功德光王如来'，我时作大仙人，于佛受得此咒，见十方佛，应时证得无生法忍。""证得无生法忍"即证成正果，成为菩萨。此经中还说："又，过去殑沙劫，有佛名美音香，我身作大居士，于佛受得此咒，便于生死超四万劫。诵持此咒，复得诸佛大悲智藏，一切菩萨解脱法门。"不但由于此咒而成为菩萨，而且在成为菩萨后，"我由此咒，名号尊贵，难得可闻"。所以，凡"称我名者，皆得不退转地"。

5.《不空羂索咒心经》

观音菩萨为过去"胜观"世界"世主王如来"的弟子。经中说："往昔九十一劫，有世界名胜观，佛号世主王如来。我从佛受此咒心，教化无量百千子，令趣菩提，以是功德，获十亿三摩地，不空妙智为上首。"

6.《楞严经》

观世音菩萨原为过去世中一个名叫"观世音"的佛的弟子，因其从此佛学得耳根圆通法门，从而蒙佛授记为观世音菩萨。经云:"忆念我昔无数恒河沙劫,于是有佛,出现于世,名观世音。我于彼佛发菩提心,彼佛教我从闻、思、修,入三摩地……忽然超越世、出世间,十方圆明,获二殊胜。""由我供养观音如来,蒙彼如来授我如幻闻熏闻修,金刚三昧。""彼佛如来叹我善得圆通法门,于大会中授记我为观世音号。由我观听十方圆明,故观世音名遍十方界。"

除上述几种观音身世说之外,佛典中还有其他一些不同的记述。

在中国其他的一些古籍文献里,还有相当多的关于观音的记载——比如古人编的《永乐北藏》《永乐南藏》,今人编的《中华大藏经》等一些正宗佛经里,都有关于观音菩萨的记述。

佛教传入中国后,观音菩萨很快又成为中国人心目中有求必应的慈悲善神,只是随着佛教中国化的发展,观音形象逐渐发生了重大变化。大约在南北朝以前,中国佛教忠实恪守着印度佛教关于观音菩萨的一切说教,观音继续以"伟丈夫"的潇洒形象高坐神教佛堂,步入信徒心中。唐宋以后,佛教中国化的进程进一步加快,中国人对印度佛教从许多方面进行了改造,在佛教的神仙大家族中,变化最大的就是观音菩萨。因为,中国人已大胆地将其从男人变成女人,而且非常漂亮,非常可爱,古人称其"有窈窕丰姿",称赞说:"巧笑倩兮,美目盼兮,彼美人兮,西方之人兮。"武则天以自己的形象塑造的观音形象进一步将女性观音形象发扬光大。文学家吴承恩更描述其"眉似小月,眼似双星,玉面天生喜,朱唇一点红"

"一副长发唐装,俨然大家闺秀;神情端庄妩媚,秀美可亲"。

为适应观音形象的这种重大变革,中国佛教史上出现了观音菩萨新的身世说。最早的女性观音履历资料可从宋代朱弁《曲洧旧闻》中看出,蒋颖叔根据唐代道宣律师的弟子义常所记的"天神言大悲之事""润色为传,载过去国庄王,不知是何国,王有三女,最幼者名妙善,施手眼救父,序其论甚伟"。宋末元初的管道升在其所著的《观世音菩萨传略》中对这一女观音来历的描述又进一步具体化、完整化。书中说:"观音生西土,讳妙音,妙庄王之季女也。将笄,王以三女觅赘婿。长妙因、次少缘顺旨,妙音以忤王被贬。后王病疮濒死……非至亲手眼不可疗。王以二女为至亲,宣取之,俱不用命。"后来,三女妙音舍手眼治好王病。国王感动,"吁天叩地,求为完之。少顷,仙长手眼已千数矣"。后世中国流传的观音故事皆以此为蓝本。尤其是《香山宝卷》《南海观音全传》《观音得道》等书,通过文学形式的渲染,把人情糅入佛法之中,以致女性观音深入民间,而西来佛典中的"正宗"观音反倒鲜为人知了。

中印佛教关于观音身世的不同说法均有各自深厚的历史文化背景。印度佛教的说法是在印度古代文化的氛围中诞生的,从而深深地留下西天的烙印,表现出丰富的想象力,其中夹杂了许多南亚次大陆的神话故事。与中国佛教关于观音身世的传说相比,它的最明显的特点便是观音皆为男性,而中国佛教的传说都是观音成道之前为女性。印度的男性说是在印度传统佛教轻视女性甚至认为女性得道只有在转为男身之后才能实现的观念背景下产生的,而中国佛教的女身说则明显地与中国传统文化认为女性慈悲善良、和蔼可亲、更易接近的观念分不开。

另外,印度关于观音身世的传说具有极强的宗教性,通篇所言不离随佛习法、修持成道以及得到授记的内容,显得枯燥乏味,单调生硬。而中国的传说中,故事情节曲折动人,寓宗教说教于极强的文学渲染之中,具有浓厚的世俗生活气息。

与此相联系,在印度佛教的传说中,观音得道的情节较少,而得道之后的法力却被渲染得十分透彻。相反,中国的传说却着力说明观音得道的艰难曲折,这与中国儒家所说的天将降大任于斯人则必先使其历经磨难的看法完全一致。由中国人的这种传统心理而产生的这种观音得道传说比印度的传说更能说服人,从而易于为广大佛教信徒所接受。至于中国传说中所夹杂的中国式的家庭伦理道德观念,就更能为一般信众所接受了。

印度的那种传说与南亚古代的时空、轮回、多世等思想观念有一定联系。印度古代的时空观念是十分惊人的,它在赋予时空无限性的同时,也把人的轮回转生与之结合起来,从而,一个人的今生便是从无数个前世中,经过极其漫长的时间转化而来的,成道解脱往往需要在成千上万年的时间内广种善根、持戒修福才可实现。在这种轮回观念的支配下,似乎已无须对观音成道的经历做过多的描述。

上述各种互不相同的观音身世说,包括婆罗门教神话中的牲身说(阿湿毗尼)、印度佛教的男身说(不眴太子、莲花童子以及大仙人、大居士等)、中国佛教的女身说(妙善公主)、这些说法之间有无相互矛盾之处？人们不禁要问，到底哪种说法才是观世音菩萨的身世？按照佛教的基本理论——业报轮回说，一个人的生命不是仅存于今生今世的，还存在于过去世、现在世、未来世，就像滚动不息的车轮，永不停息地转动在时间的长河中，直至达到最终的解脱——涅槃。所以，对任何一个生命体来说，他（她、它）有可能曾是某种飞禽或走兽，有可能曾是张三，也可能曾是李四，有可能曾是女人，也有可能曾是男人，生生不一，世世不同。以这种理论看来，观音菩萨在成道前的各种身世说便无互相矛盾之处，他们只是观音菩萨过去不同世中的不同经历，各自之间是相互统一的、完整的体系。

菩萨是梵文"菩提萨埵""菩提索埵""摩诃菩提质帝萨埵"的简称，菩萨这句梵语，译成汉文有新旧两种译法。旧译为"大道众生"，新译为"大觉有情"。两种译法，大意相同：一切众生中之有佛性者都有情，唯菩萨于有情中能有所觉悟。这就是说，菩萨尚未能绝尽情思，但能觉悟而照见五蕴（色、受、想、行、识）皆空；只有修行到了佛的境界，方能情思尽绝。佛教认为，能够成为菩萨的人，一定是立下宏大誓愿，以佛所说的"真理"和"觉悟"去启发和引导众生的人；一定是能使众生摆脱烦恼，拯救众生脱离苦海的人；一定是"自觉觉他"，达到涅槃寂静的彼岸的人。

"菩萨"原指释迦牟尼佛的前生。佛教将描写释迦牟尼佛前生的故事称作"菩萨本生"。释迦牟尼佛在今生成道之前，还是悉达多太子的时候，也被称为"菩萨"。大乘佛教认为，十方世界有无数的佛,同时也有无数的菩萨,菩萨常住人间,变化出各种形象向人们随机说法,帮助世人解决困难,引导众生脱离苦海,前往极乐世界。为了使菩萨更接近芸芸众生,隋唐以后,佛教界通过种种附会,宣扬一些著名的菩萨已东来定居,观音菩萨是其中最著名的一位。

观音的名号有古译、旧译和新译三说:古译有后汉支曜在《成具光明定意经》中将其译为"观音";吴支谦在《维摩诘经》中译为"窥音";曹魏康僧铠在《无量寿经》中译为"观世音";西晋竺法护在《光世音大势至经受决经》中译为"光世音";西晋无罗叉在《放光般若经》中译为"现音声"。旧译有后秦鸠摩罗什在《妙法莲华经》、北凉昙无谶在《悲华经》、东晋佛陀跋陀罗在《华严经》、刘宋畺良耶舍在《观无量寿经》、刘宋昙无竭在《观世音菩萨授记经》中译为"观世音""观音"。新译有唐玄奘在《大般若波罗蜜多经》、唐实叉难陀在《华严经》、唐菩提流志在《大宝积经无量寿如来会》、宋法贤在《大乘无量庄严经》中译为"观自在";唐般剌密帝在《首楞严经》中译为"观世音""观音";唐善无畏在《大毗卢遮那成佛神变加持经》中译为"观世自在"。所谓古译是指鸠摩罗什以前的翻译,鸠摩罗什相关年代至玄奘时的翻译则被称为新译。这些翻译中以"观世音""观自在"的名号最为常见,也为现时所通用。《注维摩诘经》卷一曾列举鸠摩罗什的说法,认为"世有危难,称名自归,菩萨观其音声,亦名观自在也"。以此可知,鸠摩罗什也承认"观世音"有观自在的意义。唐朝的窥基大师在《般若波罗蜜多心经幽赞》中认为:"观"是觉照之义,即了达空有的智慧;"自在"为纵任之义,即所得的胜果。过去广行六度,现在得证果圆,慧观为先而成为十种自在。十种自在指:一、寿自在,能延保性命;二、心自在,生死无染;三、财自在,能随意乐而现,而布施所得;四、业自在,唯做善事及劝他人为善;五、生自在,随意欲能往,由戒行所得;六、胜解自在,能随欲变现,由安忍所得;七、愿自在,随观所乐而成就,由精进所得;八、神力自在,起最胜神通,由定力所得;九、智自在,随顺言音智慧;十、法自在,于契经等,由智慧所得。窥基又认为,观世音菩萨位阶为补处菩萨,修道成证等觉位,具足上述十种自在的胜果,故名为"观自在"。由于观世音菩萨的大悲救济,所以又被称为"救世尊""救世大悲"者。又由于观音作为众生的依怙,而使之不生畏怖,所以又称为施无畏者。佛典中也有将"菩萨"译为"开士""高士""大士"的,并记载了许多菩萨的名字,著名的有弥勒、地藏、文殊、普贤、观世音、大势至等。弥勒信徒甚众,后来升级为佛了;大势至未能崭露头角,最终默默无闻;观世音、文殊、普贤逐渐被改造成中国化的菩萨,并称为"三大士";地藏又与"三大士"合称为"四大菩萨"。观世音菩萨以"大悲"为尊号,文殊菩萨以"大智"为尊号,普贤菩萨以"大行"为尊号,地藏菩萨以"大愿"为尊号。在寺院中,文殊菩萨和普贤菩萨一般以释迦牟尼佛的左右胁侍身份出现,而观音菩萨和地藏菩萨却分别有自己独居的殿堂。

观音菩萨在佛教梵语中名字是 Avaloki tesvara,意思是观世音或光世音,观音菩萨。观音菩萨又被称为救世菩萨、莲花手、普门、大悲圣者。

观音菩萨身上闪烁着善良无私的母性灵光,只要你虔诚礼拜,一心向善,你的愿望就能实现。观音千手千眼,神通广大,有求必应。她更是企盼生子的妇女们心中的福神——送子观音。观音菩萨送子都在夜间,月色皎洁,香云缭绕,她腾空驾云,飘然而至。她背后有光环缭绕,面带微笑,慈悲可亲。

据明代刻印《搜神记》记载:观音娘娘乃鹫岭孤竹国祈树园施勤长者第三子施善化身,生于北阙国中。父妙庄王,姓婆名伽,母伯牙氏。父母以无嗣,故祝于西岳香山寺。天帝以其父好杀,故夺其嗣而与之。长女曰妙清,次曰妙音,三曰妙善。唯妙善生时,异香满座,霞光遍室。幼时聪达,晓人间世事。到成年力阻父命,不成姻。后因长次二女招及二郎,俱不当肯,父乃强妙善毕偶,无奈妙善何,始禁于后园中。妙善守净弥,再舍入汝州苍树县白雀寺为尼。妙善暗命僧头。夷优寺化喻弗从,乃轭苦行。妙善朝吸水、暮听释,晨焚扫、昼柴炊,毫无难色。诚感天使三千八百部,天龙持护伽蓝扫地,东海天王扫厨,六丁上香游奕点烛。伽雀进茶,飞猿进菜,白虎含柴,飞琼毛娇滋花,八洞神仙献果,夜夜风雷喧吓,鬼神走动,众尼惧而复命于父。父遂遣五城兵马,忽必力驱兵围寺焚之。而妙善口叩灵山世尊,齿咬玉指,喷血成红雨灭火,救寺五百僧咸无恙焉。必力再火再熄,三火三熄,无奈奏闻国王。国王怒命必力捆押妙善入法场,以母深爱三女,劝其完聚成姻，以摄国政也。殊意妙善，色不变而志愈坚，乃囚于冷宫，日夜宫娥父母善劝，妙善不听，反失语激父。父大怒，立赐必力斩乞。土神忙奏玉帝，赐以红光罩体，刀斩不断，枪刺不截。国王乃赐红绫绞死。此时一虎，跳入，负尸而去。后妙善得释伽如来之助，示她到南海普陀岩修炼。如来"代呼地龙化一座莲台，渡洋而去。渡海时，白虎为之咬木，伽蓝推开福地，八部王日夜为之涌潮，四部天王为之柱石。妙善坐于普陀岩，九载功成，割手目以救父，持壶甘露以济万民。左善才童子为之普照，右龙女为之广德。玉帝见其福力遍大千神，应通三界，遂敕封为大慈大悲救苦救难灵感观世音菩萨。并赐宝莲花座为南海普陀岩之主赐"。明代刻本《搜神记》之记载，使观音菩萨更加中国化、人格化、神话化。

三皇姑名妙善，她究竟是何许人？历来众说纷纭，各家说法不一，佛家说"观音"，道家说"圣母"，而儒家则说她是"列女"，史学家却说她是"楚庄王之女"或"隋炀帝之女南阳公主"。神学家重"玄"，史学家重"实"，故多异说。其实，根据经典史料分析，大体可确定，她是产生在南北朝末期或隋统一中原前后的一个传说人物，由聪明智慧的劳动人民按照自己的情感、理想和愿望，塑造了这一家喻户晓、妇孺皆知的艺术形象。经过千余年来在民间口耳相传，"三皇姑"逐渐演化成中国化的"救苦救难"的千手千眼观音形象。

综观中外所有有关观音菩萨的身世记述，基本为传说。在河北省的南和县，关于白雀庵和观音菩萨的传说数不胜数。据传，在南北朝后期，河北省南和县东北部，北起杜科村，南至大会塔村，是一片带状森林。这里紧靠澧河，土地肥沃，沟渠如织，水明草秀，林茂粮丰，成群成群的白雀聚集在这里自由翱翔，啄食戏水，真是一片神秘乐园。在那乱世之秋，从江苏镇江金山寺来了一位老尼师德真，感叹这里"不是江南，却胜似江南"，于是结茅为庐住了下来。老尼师布衣素食，用化缘积攒的银两在白佛店（现在的白佛村）建起了殿宇楼阁。前有巍峨壮观的山门，周有古朴典雅的红墙，成群成群的白雀在雕梁画栋的殿宇中穿梭栖息，繁衍生息。因此，德真为此庵起名白雀庵。老尼师勤于佛事，不久，收徒五百，很快，白雀庵佛事香信名播遐迩。观音菩萨就是那时来此庵出家的。南北朝时期，群雄逐鹿中原，烽火连年不断，豪强割据。南和县瓦固村有位叫妙庄严的农民建立了兴林国，年号庄王，因其姓妙，俗称"妙庄王"。

观音菩萨即为妙庄王的三女儿妙善公主。至今在南和县还流传着许多有关妙庄王和观音菩萨的传说，例如：《妙庄严称王》：妙庄王，妙庄王，乱世英雄一豪强；家住城南瓦固村[①]，兴林国里称帝王。还有《秃娘娘入宫》：瓦固出了个妙庄王，郄庄出了个"秃娘娘"；郎才女貌姻缘配，龙凤呈祥坐朝纲。据当地传说，因为妙庄王阻女行善，发动了"灭佛事件"，大火烧死妙善公主出家之庵——白雀庵五百尼姑，瓦固村的妙氏家族因怕祸及九族，而由妙姓改为刘姓，所以至今瓦固村内刘姓为大户，而妙姓却并没有一家，等等，此类例子不胜枚举。

---

① 瓦固：方言，瓦音抓。

因此，在邢台市尤其是南和县农村，群众坚信观音菩萨的老家就是南和县瓦固村。

白雀庵遗存大悲卷内文

据《南和县志》记载，当地有一首描写本县名人的顺口溜：两李二白一督堂，金胳膊老李宋丞相；三思有个菜状元，瓦固出了个妙庄王。这首顺口溜中"两李"：一个指明代户部尚书李起元，另一个指户部举事李桂芳；"二白"：一个是指明朝宁夏巡抚白储玿，另一个指明御史白抱一；"一督堂"是指明朝万历年间宁夏督御使朱正色，"金胳膊老李"是指南和县疙瘩头村的李若珪，为明朝刑部尚书；"宋丞相"是指唐代名相宋璟，"菜状元"是指清朝武状元王世清。由此可以推断，"瓦固出了个妙庄王"也不会是凭空而来。许多神在现实中有其原型，而这些神的原型也并不是一个人，观音菩萨也不例外。

随着时间的推移，观音菩萨由于其特殊的形象，越来越受到人们的喜爱和敬仰，观音文化渐渐成为我国也可以说世界上一个令人注目的景观，尤其是南和县白佛村的白雀庵，更早已成为一处佛教圣地。无论这里是不是观音文化最初的发源地，但有一点是不争的事实，即，它是研究观音文化的一个重要内容。

2 三皇姑传说

染坊之子

> 盘古开天到如今，
> 人留后代草留根。
> 千辛万苦为儿女，
> 只求理解父母心。

晋朝灭亡后，中国进入南北朝时期，群雄逐鹿中原，烽火连年不断；豪强割据，小国林立，连年闹灾荒，老百姓死里求生。北齐文宣帝高洋登基后，大封同姓，他的胞弟高谐被封为任城王，并赐修府第，领属良田百顷。据传，高谐封王后，在南和县任城村大兴土木建筑，内修府第，外建城郭。王府庄严辉煌，城郭壮观巍峨，六街三市热闹繁华。村里有座著名的普润寺,每逢农历二月十九日,从四面八方来这里降香的善男信女成千上万。在这兵荒马乱的岁月,有的是为了消灾免难,祛病延年;有的是为了全家吉庆,求个四季平安。

任城王高谐崇尚佛事,有一年,他头戴王爷帽,身穿滚龙袍,偕同夫人、公子、小姐等人,也到寺院降香,在十字大街上遇见一个面黄肌瘦、衣衫褴褛的童子,高夫人对其心生怜悯,将其买回家中做书童。小书童长到16岁时,仪表端庄,儒雅潇洒,与王府中丫鬟春香相亲相爱,后来两人的私情被王爷发觉,被撵出了府门。两人远走山西五台县城台怀镇,靠做苦役维持生活。第二年,春香生下一个白胖男孩。因生活窘迫,夫妻俩无力养活这个可爱的儿子,便忍痛割爱给了一家小染坊主人。

染坊主人姓妙,名叫吉祥,因灾荒夫妻俩从南和县瓦固村逃到五台县城台怀镇,依靠亲友接济,开起了只有两间铺面的小染坊。吉祥夫妇恩恩爱爱,相敬如宾,可他们到四十多岁,膝下仍无儿无女。如今却出乎意料,有幸收了个义子,小染坊经营也很红火,真是双喜临门,福从天降,老两口甭提有多高兴了。夫妻俩将孩子抱到五台山寺院,他们虔诚跪在莲花座下,焚香祈祷,为小宝贝寄名,求神仙保佑小孩无灾无难,长命百岁。僧尼们作了道场,寺院方丈给孩子起了个名字叫"庄严"。

从此,老两口高高兴兴返回河北南和家乡,用开染坊的辛苦积蓄,在瓦固村置了三亩沙碱地,盖起了三间土坯房,紧紧巴巴又置办些东西,过起了男耕女织的小日子。

有道明君

> 妙庄王,妙庄王,
> 乱世英雄一豪强;
> 家住城南瓦固村,
> 兴林国里称帝王。

在南和县城西南,古时灌木丛生,茂密的蓬蒿遍地生长,虎狼成群,蟒蛇盘踞。这里有一条弯弯曲曲源出百泉的沟渠,名叫狼沟河。在这狼沟河畔,有个以烧制砖瓦兴旺而著名的瓦固村。村中杂居多姓,其中妙姓是大户。有一年夏季,一连下了半月雨,蚊蝇滋生,霍乱病大流行,偏僻乡村缺医少药,男女老少病死过半,家家上坟,户户烧纸,惨状使人目不忍睹。妙吉祥夫妇也不幸染疾,卧床不起。这时,庄严已18岁,整天为双亲端汤熬药,伺候在床前,村里人都夸他是个孝顺好后生。可病魔无情,妙吉祥夫妇不久就离开了人世。

妙庄严从小就喜欢耍枪舞棒,后经名师指点,学了一身好武艺。他生性争强好胜,为朋友两肋插刀,爱打抱不平,颇有"拔剑平四海,横戈敌万夫"之勇,在这风云乱世,他被老百姓称为绿林好汉。他长得虎背熊腰,宽肩大膀,气宇轩昂,虽未显治国才能,但颇露安邦之勇。他在故乡瓦固村,树旗招兵买马,广招天下英雄豪杰,聚义兴兵。"乱世民思治",四方豪杰闻讯纷纷投奔而来,时间不长,就聚众三千,兵强马壮,威名赫赫。妙庄严血气方刚，率领三千人马，挥戈操戟，扫平了古南和地域的草莽英雄，建立了兴林国，年号庄王。因其姓妙，俗称妙庄王。妙庄王建都在前郭平、宋台村南瓦砾岗。妙庄王为兴林国都城取名"朝平"，寓聚义起兵扫平群雄、改朝换代之意。

朝平城城郭开阔，东西八大路，南北十二街。妙庄王命人在皇宫楹柱上撰书对联，宣耀君权，教育朝野。上联：官贵于廉，政贵于简；下联：民生在勤，人生在诚；横批：民贵于官。

兴林国，"君待臣以礼，臣事君于忠"，君臣勤政为民，百业俱兴。朝平城里，街街店铺林立，路路商贾云集；百技杂陈，热闹繁华；百姓男耕女织，安居乐业，夜不闭户，路不拾遗，一派升平景象。妙庄王从谏如流，一时被朝野称为"有道明君"。

梦选皇后

瓦固出了个妙庄王，
郏庄出了个秀娘娘；
郎才女貌姻缘配，
龙凤呈祥坐朝纲。

乱世争战东杀西伐，妙庄严称帝，建立了兴林国。眼下，妙庄王已到而立之年，尚未婚配。俗话说"男大当婚，女大当嫁"，朝臣闺秀给妙庄王提过许多，他都一个个婉言拒绝。一天，妙庄王早朝回銮，反复思忖。最后，他决定从民间选一位才貌双全且深明大义的女子，做正宫娘娘，一来辅佐朝政，二来早为兴林国生下太子，将自己打下的江山世代传袭下去。这天夜里，妙庄王躺在雕龙刻凤的御床上，不多时便进入梦乡：一个头绾双髻的女子"骑龙抱凤"，在皇宫上空盘旋飞翔，越飞越低，眼看就要落在皇宫的金顶上……他忽然醒来，却是长夜一梦。第二天一早，他吩咐太监，传令老解梦师解梦。老解梦师捋捋飘洒的银须，一字一板地说："龙，乃真龙天子，象征着我主；凤，乃兴林国母，象征着儒雅秀气的正宫娘娘。龙凤盘旋在皇宫上，当是我主龙凤呈祥，皇上可派人到民间去寻访，那骑龙抱凤的年轻女子，就是我主的正宫娘娘。"

妙庄王听了，非常高兴，他立命太监传令钦差大臣王灵，带一班人马，遍访兴林国大大小小村落，查找兴林国母，并要在农历八月十五，正值花好月圆的吉日良辰，将其迎娶进宫。

王命如山，王灵奉旨不敢怠慢，急忙备马打点出发了，他出了皇城心想：这真是大海捞针，到哪里去找呢？

在百泉河畔有个郄庄村，村里有个年轻女子，名叫郄武燕。她生在一个农家，从小父母双亡，跟着哥嫂过日子。武燕从小聪明伶俐，模样儿俊俏，可有一样，头上长满了秃疮，疙疙瘩瘩的秃疮疙痂，叫人看了都寒碜。就为这，闺女长到十七八，还没人给说婆家，哥哥嫂子都不待见，整天叫她采桑喂蚕。一天早起，武燕爬到皮厚叶稀的歪脖老桑树上，兴许是心里高兴，边采桑叶边哼起小曲：

桑叶青,桑叶黄,

朝廷选俺作娘娘;

桑叶黄,桑叶青,

朝廷选俺作正宫。

嫂子听见了,嘲笑她说:"秃妮子,连个婆家都找不下,还想当娘娘作正宫哩,真是癞蛤蟆想吃天鹅肉——想得不低!"武燕斜了她一眼,说:"俺不光当娘娘作正宫,出门上轿还要踩着你的肩膀头呢!"一句话,把嫂嫂气得一扭头,哼了一声就走了。

王灵带着一班人马,穿州过县不敢久留,起早贪黑赶路不敢歇脚,七七四十九天,几乎跑遍了兴林国所有的村庄,也没有找到"骑龙抱凤"的年轻女子。眼看期限将到,如何交旨呢?王灵心急火燎,愁绪满肠。这天,王灵一班人来到郊庄村。在村头看见有个女子抱着一只红冠绿尾、羽毛丰满的大公鸡,叉着腿骑在草泥垛的墙头上,正在嘟嘟哝哝说着什么。兴许是害怕官府人马,她一唬溜下了院。这情形被细心多谋的副史刘聪看到了,他急忙下马告诉王灵,说:"我主正宫娘娘找到了!"

王灵指着这家的泥墙头说:"你看那起伏的泥墙,多像一尾耸动欲飞的龙呀!刚才一个女子骑在上面抱着只鸡,那鸡可像只凤哩,合起来,不正是皇上'骑龙抱凤'的梦境吗?"

王灵听完,细一琢磨,认为刘聪的解释合情合理,精神为之一振,高兴得几乎要跳起来。他忙派人问这家中可有年轻女子。得知这是郊武燕的家,武燕就是骑墙抱鸡的女子。王灵只为完成王命而高兴,可他竟忘了看郯武燕的模样儿,就急忙宣读圣旨,说:"妙庄王已封郯武燕为正宫娘娘,御定八月十五前来迎娶。"说完就回宫向妙庄王交差去了。

武燕要当正宫娘娘的消息,像长了翅膀一样,很快在全村传开啦!村民议论纷纷,有的说妙庄王想正宫娘娘想疯了!有的说钦差大臣拿王命当儿戏。就连武燕的嫂嫂也不相信这是真的。

斗转星移,转眼婚期已到。八月十五日这天头晌午,一支龙车凤辇的娶亲队伍浩浩荡荡过来了。前边是金瓜斧钺朝天戟,后边是旗罗盖伞仪仗兵,中间是:

车辇套着马四匹,
四角高挂龙凤旗,
五彩篷车丈二高,
锦绣麒麟两边立。

锣鼓喧天,吹吹打打进了郯庄村。那天郯庄村净水泼街,黄土垫道,大街两旁摆着香案,挂红吊绿,里正率众乡亲列队迎驾。伴随着锣鼓礼炮声,娶亲队伍被迎进了院,宫娥彩女呈上凤冠霞帔,姐妹们欢天喜地为"秃娘娘"换衣佩戴,打扮梳洗。这时,武燕对嫂子说:"让俺使使你的木梳吧。"嫂子"扑哧"一笑,说:"你头上连根毛尾也没有,还用木梳梳啥哩?"这时,武燕从头上扒下那个头盔似的疮疙痂,"咣当"一声扔在地下。嫂子一瞅,那疮疙痂原来是个明光闪闪的大银碗。这时嫂嫂啥也顾不得了,急忙跑过去抱起来,锁在了柜子里。待她回过头来，再看武燕时，她满头秀发黑里透亮，脸蛋白里透红，还真像个雍容华贵的正宫娘娘哩。嫂子惊奇得目瞪口呆，恍恍惚惚像做梦一样。天快晌午了，娶亲队伍就要走了，武燕放着煮好的饺子鸡蛋不吃，却对嫂子说："嫂嫂呀，你我姑嫂一场，我就要出门了，在我临走前，给我做碗米粥吧！"嫂子一听，连忙熬了一碗粥，恭恭敬敬地端到轿前让武燕吃。武燕低头喝了一口，"噗"地又喷了出来。嫂子一看，遍地小米竟然全变成了溜光滚圆的珍珠，便没命地趴下身子一粒一粒地捡起来。这时，武燕趁机一纵身踩住嫂子的肩膀上了轿。郗庄村一片喜庆气氛，乡亲们说武燕是：

仙女投胎到咱庄，
长了十八年秃头疮。
保护玉体不受辱，
福大命大当娘娘。

武燕入宫后，妙庄王取宝中精英之意，赐名宝英。宝英貌若天仙，宛如西施，妙庄王龙目双睐，喜得合不拢嘴。皇宫内外灯红酒绿，朝臣齐来祝贺。朝平城里一派喜庆景象。

妙善出世

生男莫高兴，
有女莫伤悲；
男不成龙女成凤，
有凤自有婿乘龙。

宝英当了兴林国国母，住在昭阳宫，日佐朝政，夜伴君王，宫娥彩女侍奉左右，享不尽人间荣华富贵，食不尽人间美味佳肴，事事舒心，样样如意。兴林国风调雨顺，国泰民安，一派升平景象。

玉兔升，金乌落，光阴流逝穿梭。宝英已到不惑之年，膝下只有两个女儿。长女妙音，长得娥眉带秀，凤眼含春。次女妙颜（一说妙圆），长得玲珑剔透，善解人意，庄王、宝英将她们看作掌上明珠。但兴林国尚无太子，江山如何传承？宝英日思夜想，常挂心怀。也是日有所思，夜有所梦。这天夜里，宝英做了一个梦：活泼可爱的龙女，欢天喜地捧着一束翠枝绿叶的大红花向她跑来，恭恭敬敬举在她的胸前。她满心欢喜，双手接过，紧紧抱在怀中，刚要用红唇香腮去亲龙女，忽然醒来，原来是个梦。清晨，她让宫女找来解梦师为她解梦。道骨仙风的老解梦师来到昭阳宫，慢条斯理地说："梦书上讲，鲜花主女，善财龙女乃侍奉佛仙之使。看来国母还要生皇姑，只是这皇姑不是个凡女。"

从此，宝英怀了身孕，十月胎满，于农历二月十九，果然生下一白胖女婴，取名妙善，因是皇家闺秀，又排行第三，俗称三皇姑。

三皇姑生性聪明伶俐，长到五六岁时，她不学描龙绣凤、研习女红，而是博览诸子百家、周秦汉史和启蒙书籍，顺背倒念如流。稍长，三皇姑琴棋书画样样娴熟，并在闺中秘修禅事。三皇姑虽不爱抹红戴绿，却显得温雅秀气。她常穿布衣素裙，到民间去访问百姓苦情，施舍钱财，扶急救贫，深受百姓爱戴。她还经常劝说父王要勤政爱民，兴利除弊，使百姓都能过上丰衣足食的好日子。"国清才子贵，家富儿女娇"。宝英把她当作心肝宝贝。但妙庄王却不以为然，只待见大皇姑和二皇姑，而不待见三皇姑。妙善自幼就有沉思的习惯，世上许多事都容易引起她的沉思：在烈日下饥饿困乏的农夫，鞭打汗流满身喘着粗气的老耕牛，蛇虫鸟豸弱肉强食，骨瘦如柴、步履艰难的老人，辗转反侧呻吟的病人，亲朋好友哭泣送葬死人……使她产生一个想法：如何解脱世间疾苦，她现在学到的知识及皇姑的地位和权力都不能解决，于是她产生了舍弃皇宫出家修炼，来解脱世俗痛苦的念头。

抗父拒婚

> 古今治家多诸例，
> 父母命婚不可取。
> 终身大事儿女定，
> 免落埋怨酿悲剧。

妙庄王已到知天命之年，膝下无子，只有三个女儿。长女妙音、次女妙颜都已招了驸马。妙音嫁给了天官之子、风流倜傥的头名文状元何风；妙颜嫁给了将门之后，年轻英俊的头名武状元赵魁。眼下妙善已到16岁，尚未婚配。妙庄王、宝英几次提起婚事，都被妙善婉言回绝。这日，妙庄王与国母在朝堂为三皇姑议婚，议来议去，打算把贤惠孝顺的三公主许配给宰相李龙之子李炳，这样，兴林国官吏升迁可由何风父子把持，军事国防可由赵魁父子统率，朝中大权可由李炳父子运筹。妙庄王绞尽脑汁，编着关系网。他想：这样兴林国江山，就会永久绵长。皇后娘娘吩咐丫鬟梅香，到绣楼叫来妙善，说明为兴林国社稷考虑，要将妙善许配给李炳。三皇姑却说："出嫁嫁人，哪如修行出家。"妙善执意不从。妙庄王恼羞成怒，训斥三皇姑："有意抗婚，逆忤王命，不懂伦理纲常。"遂传下圣谕，命宫娥彩女，将其脱去宫廷服饰，摘去流苏凤冠，只穿遮身衣衫，囚禁在御花园，让三皇姑闭门思过，等她回心转意后，再招驸马。国母宝英，如剜掉心头肉，泪流满面。

三皇姑被囚禁御花园后，没有哭哭啼啼，不怨天不怨地，也不怨父王，一心只求父王母后准许她出家拜佛。

矢志修行

对三皇姑拒招驸马一事，最牵肠挂肚的还是国母宝英。妙庄王密令宝英，要想方设法规劝三皇姑，早些使她招驸马，免受皮肉之苦。宝英遵旨，先派大女儿妙音来到御花园，说：

> 好妹妹，别出家，
> 出家哪如招驸马？
> 山珍海味吃不尽，
> 金钱银钱任你花。

三皇姑淡淡一笑，说：

> 好姐姐，你莫劝，
> 妹对驸马不稀罕。
> 山珍海味我不吃，
> 金银难动妹心肝。

大皇姑碰了壁，宝英又派二女儿妙颜去规劝，妙颜亲热地说：

> 妹妹妹妹听姐话，
> 给你找个好驸马，
> 大事小事都由你，
> 不拿钥匙全当家。

三皇姑瞟了二姐一眼，慢条斯理地说：

> 二姐二姐莫费心，
> 妹妹出家铁了心，
> 谁拿钥匙谁做主，
> 谁招驸马谁嫁人。

二皇姑又碰了壁，宝英亲自来到御花园，苦口婆心，疼爱地说：

> 儿呀儿呀听娘话，

出家究竟为的啥?
你招驸马住宫里,
兴林江山交给你。

三皇姑慈眉善目,泪流双行,对母亲说:

娘啊娘啊放宽心,
出家为的超凡尘。
不招驸马不烦恼,
兴林江山儿不要。

宝英将规劝情况一五一十禀报,妙庄王气势汹汹地亲自来到御花园,说:

逆忤女,不知足,
不找驸马转皇姑?
你出家我嫌丢人,
皇家不扎女儿坟!

三皇姑连头也没抬说:

父王父王别发怒,
养育大恩儿记住。
儿要出家去修炼,

修成正果列仙班。

妙庄王心想：我打下天下，治国家，却治不了三公主这个女儿家。他颇感有失为王的威严，一时气血上涌，昏厥在御花园。太监、御前侍卫前簇后拥，急忙抬回昭阳宫。太医品脉用药，国母皇姐哭声号啕，满朝文武百官泪洒朝靴官袍。

这时，满朝文武，一起前来解劝，好话说了千千万，道理讲了万万千，但三皇姑对招驸马一事，依然是婉言回绝，心意不回。

诚感天地

抗旨逃婚古来有，
皆因父母巧运筹。
一朝机关算计尽，
骨肉常结反目仇。

妙庄王的病经太医调治很快就好了。眼下，他已年近花甲，膝下无子，大女儿、二女儿没啥问题，就是三女儿使他大伤脑筋。他感到三公主生性不凡，好法歹法、软法硬法都使了，可她对招驸马一事，竟然没有活动的意思。他想：堂堂公主，出家当尼姑，成何体统？遂将妙善放出御花园，换上宫廷服饰，由宫娥彩女搀扶来到昭阳宫里，他要心平气和地摸摸三女儿的心思是想出家当尼姑，还是嫌给她招的驸马不合心意，故意跟他兜圈子赌气。

三皇姑从容不迫地来到昭阳宫,给父王施了一礼。

妙庄王说:"唉!女儿受苦了,快落座。"

三皇姑说:"生我者母后,养我者父王,不听劝说,惹怒父王,教我受了苦难,正是我的修炼!人不苦修,难有成就。"

妙庄王一听,心想:这孩子莫非嫌我给她招的驸马不称心,真的想要出家?我不妨再试探试探她,就说:"儿呀,你招驸马到底要啥条件呀?父王一国之君,富有四海,一定保你满意。"

妙善一听,父王又提招驸马这一烦心事,心想:我不妨将计就计,说出条件来,叫他难以回答,到时候没有办法,只得让我出家。

三皇姑向父王施了一礼,说:"第一我要那降龙伏虎将,除尽邪恶安良民;第二我要那天边星星和月亮,让人间日日夜夜都明亮;第三我要那王母娘娘做大媒,超凡世修来生。依得我这三件事,就招驸马,倘缺一件,死不配鸳鸯活不嫁人。"

一席话,说得妙庄王瞠目结舌,无法对答,心想:看来她是铁了心要出家呀,我非要难难她,叫她出家不成!

妙庄王说:"我儿莫非真要出家?"

三皇姑说:"正是为儿心愿。"

妙庄王说:"那你得答应我三件事,若有一件办不到,死也别想出家!"

妙善说:"父王请讲,为儿在下恭听。"

妙庄王说:"皇宫御宴摆三天,三天需要三石面,皇仓里头有小麦,一夜把它磨出来,要是短我一两面,你想出家难上难!"

妙善二话没说，跑进磨房里，抱起推磨棍，就一遭儿一遭儿地推开啦。可她从小是娇生惯养的金枝玉叶，哪里推过磨呀！她咬着牙，推一遭儿，磨碎天上一颗星；推一遭儿，磨灭地上一盏灯。熬过了一更到二更，熬过了二更到三更，熬过了三更到四更，眼看到了五更天，三石面还差得远。她又困又累，紧抱推磨棍，坐在磨道里"呜呜"地哭开了，哭声惊动了阎罗殿里的小鬼和判官，呼啦啦一起跑来啦，推得石磨滴溜溜转，筛得白面像飘雪片，不到鸡叫东方亮，三石面堆成了山。

传说中的观音出家前磨面石磨

第二天一大早，妙庄王一看，甚感蹊跷，紧接着又提出第二件事："皇宫里三石谷子掺芝麻，一夜给我分两搭，芝麻里不准有谷子，谷子里不准有芝麻，芝麻榨油佐御膳，小米要做金捞饭，一夜要是办不到，要想出家来世吧！"

妙善二话没说，坐在芝麻谷堆前，一粒一粒分拣开。拣一粒芝麻，天上熄去一颗星，拣一粒谷子，地上灭去一盏灯。熬过了一更到二更，熬过了二更到三更，熬过了三更到四更，眼看到了五更天，芝麻谷子还没拣出一大升。她就坐在芝麻谷堆前，"呜呜"地哭开了。哭声惊动了地上的蚂蚁和天上的鸟雀，成群结队都来了，鸟雀叼谷子，蚂蚁拉芝麻，不到鸡叫东方亮，谷子芝麻两分家。

第二天，妙庄王一看更感蹊跷，立马又提出第三件事："御宴后百官要赏花，御花园里百样花，寒冬腊月不开花，明天父王百官要观花，一夜浇开满园花，要是明天百花开，父王准许你出家。"

妙善二话不说，挑起桑木扁担枣木桶，来到八角琉璃井，一担一担挑开啦。挑一担水，淋湿天上一颗星；浇一株花，淋灭地上一盏灯。熬过了一更到二更，熬过了二更到三更，熬过三更到四更，眼看到了五更天，甭说御花园里百花开，连个花骨朵都没结。她坐在八角琉璃井边，"呜呜"地哭开了。哭声感动了花神娘娘，她立刻传令，百花仙子一起走出花厅，将红裙一甩，御花园里百花开。

第二天一大早，妙庄王一看傻了眼，再也没招儿了。心想：妙善三难难住了我，我三难妙善砸了锅，这可咋办呢？妙庄王黔驴技穷没了招儿，心想：皇家闺秀，应遵三纲五常，在家随父，出嫁随夫；她还没出嫁，就不听我的话，我今天定要传下谕旨，教她明日拜堂成亲，生米做成熟饭，她就是有天大的本事也是枉然。

离家出逃

> 为王权采纳奸计,
> 亲生女夜逃樊篱。
> 差将领四处追寻,
> 妙庄王枉费心机。

妙庄王智斗失败,连夜传下谕旨:"明日农历四月初一,朕女妙善与当朝宰相之子李炳完婚。"各部接旨,通宵达旦地忙乎,备办礼品。礼部除备办礼品外,还连夜安排隆重婚礼仪式。

丫鬟梅香得知消息,忙跑上绣楼向妙善报喜。三皇姑听后大惊,心想:看来父王要强迫我成亲了。她内心紧张,但表面从容,将丫鬟梅香打发安睡后忙打点行装,决计以出逃抗婚,保持自己清白玉体。当夜,五更时分,她蹑手蹑脚从御花园逃出皇宫,急急忙忙,穿街过巷,出了朝平城,朝东北方向跑去。更夫发觉后,立刻禀报妙庄王。妙庄王听后,怒发冲冠,立即派四名将领追赶。

天亮时,三皇姑气喘吁吁地跑到南杨庄村,四名将领追赶在后。她急中生智加快脚步在村中七拐八转,东躲西闪,藏到一间旧庙里。四将领气势汹汹地在村里搜了个遍,也没有找到三皇姑,就像泄了气的皮球,回宫禀报妙庄王。妙庄王暴跳如雷,将四将领怒斥了一顿,又急忙传下圣旨:继续追捕,有窝藏者,满门抄斩,诛灭九族!三皇姑逃婚一事,一传十,十传百,很快传遍了兴林国。

三皇姑逃婚，逃到南杨庄村，那天正是农历四月初二。后来南杨庄村民为纪念三皇姑逃婚避难这个日子，建庙塑像，并将四月初二立为醮会，每年这天八方善男信女，怀着虔诚的心到三皇姑庙上香膜拜。

皈依佛门

妙善出家白雀庵，

带发修行受磨难。

佛门也有不平事，

只因王权大佛权。

三皇姑逃婚，妙庄王气得捶胸顿足，派出四名将领继续在兴林国查找。

三皇姑换掉一切宫廷服饰，打扮成村姑模样。她一边打听，一边辗转前行，躲避将领的追捕。饿了采把野果充饥，渴了掬捧河水润喉，累了坐把柴草歇脚，困了靠在树上打个盹儿。就这样，她东转西拐，于九月十九日，来到白佛村白雀庵，皈依了佛门。

四将领得知音讯后，立即返回皇城，禀报妙庄王。妙庄王知生米已做成熟饭，无可奈何。他急忙给庵中住持老尼师德真颁了一道密旨，差心腹速速送去。老尼师接过密旨，展开一看，只见上面写道：逆女妙善，夜逃皇宫，皈依佛门，你叫她捣米磨面，拾柴做饭，打钟扫院，做些杂事，磨难于她，不准看经念卷，带发修行，使其回心转意，再招驸马。事成后，朕封你为国师,赏金万两,并扩修庵院,否则,定斩!

老尼师只得依旨行事。三皇姑天天做些杂事。她挑水压得肩膀肿,推磨推得头发懵,捣米捣得胳膊酸,做饭烟熏火燎泪涟涟,打柴累得腿发软,敲钟敲得心里烦。寺院天天晨钟暮鼓声,佛堂日日木鱼诵经声,妙善只有叹气声。

至今在白雀庵还留有三皇姑推过的磨、捣米用过的碓臼。每逢农历初一、十五或庙会圣期,善男信女来到白雀庵,模仿三皇姑当年的姿势,推磨捣米,唱着三皇姑唱过的推磨歌,哼着三皇姑哼过的捣米谣,别有一番情趣。

母女连心

白佛小路一条线,
一头皇宫一头庵。
母女贴心常来往,
牵动多少思和念。

据传,宝英晓知三女妙善为抗婚,夜间逃出皇宫,皈依佛门,在白雀庵尼姑院带发修行打杂,妙庄王还给庵中老尼师德真传下密旨,要事事磨难三女儿,为此她整天忧心忡忡,愁眉不展,心里像打翻了五味瓶,咋也不是个滋味。有一天,宝英没精打采地独坐在皇宫里,脸上布满思念三女儿的愁云。这时,她隐隐约约听见,窗外梧桐树上有几只黄莺在唱:

唧唧喳,唧唧喳,

> 一母同生三枝花;
> 为啥三花两样待?
> 妙善公主磨难大!

宝英听了,忙打开窗子去看,黄莺随即飞走了。待她刚坐下,黄莺却又飞回来唱了起来。她想:人有人言,鸟有鸟语。可不是嘛,三个女儿长得像三朵花儿一样,大女儿享荣华,二女儿得富贵,唯独三女儿受尽皇上百般磨难,这不正是"三花两样待"吗?看来鸟雀也善解人意,在为三女儿鸣不平哩。她立即向妙庄王说了此事,为三女儿苦苦求情说好话。妙庄王听罢更加疑神疑鬼,愤愤地说:"什么鸟雀为三女儿鸣不平,这丫头一准是个妖精,不除掉她,日后定遭祸殃!"宝英黯然神伤。俗话说,十指连心,她心疼三女儿,山珍海味饭不香,玉床难眠梦不甜,常常泪眼伴着香腮眠,大哭三六九,小哭天天有,整天心乱如麻。

宝英常常背着妙庄王,偷偷地到白雀庵善静室去看三女儿。三皇姑从皇宫来到白雀庵,过起了出家人的清苦生活。有时她想念母亲,就偷偷跑回皇宫,母女俩互诉衷肠,抱头痛哭。时间长了,从兴林国都城朝平城,经过郭平、南韩村东,踏出了一条蛇形小道,老百姓说这是三皇姑母女往返互相看望而踏出的路,俗称"白佛小路"。

尼庵罹难

> 欲解心头恨,

火焚白雀庵。
言传千古事，
暴行留人间。

在白雀庵西南侧，有座白佛寺，又名白雀寺，与白雀庵可翘首相望。

白佛村有个地痞叫黄龙，他听说白雀庵来了个抗婚出逃的皇家闺秀，便心生淫念。

三皇姑在白雀庵带发修行，除在庵里做执事外，还经常外出打柴。一天，三皇姑又去打柴，被黄龙知道了，黄龙便朝着三皇姑打柴的方向追了过去。三皇姑只顾打柴，没想到后面来了个无赖地痞。黄龙嬉皮笑脸地凑近三皇姑说："来！我替你砍柴，可别划破了你那白嫩嫩的小手哇！"三皇姑不语，只管砍她的柴，不多时砍了一大堆，捆巴捆巴就要走。这黄龙又凑近三皇姑说："来，我替你背，可别压坏了你那细皮嫩肉的白肩膀啊！"三皇姑头也没抬，背上柴捆子就要走。黄龙紧跟在后面，酸言淫词百般挑逗，一直到三皇姑走进白雀庵，才悻悻而去。黄龙的举动被一伙上私塾的童生看到了。于是，童谣风传：庄王有一女，出家白雀庵，与那地痞黄龙勾搭成奸，一朝婴儿出，称王有何脸！诬说三皇姑不守清规戒律的童谣，一传十，十传百，很快由民间传到了皇宫，妙庄王知道后，捶胸顿足，火冒三丈，说："这哪里是白雀庵，简直是乱花庵！"他当即传下圣旨，命王虎率领三千御林军，火焚白雀庵。

王虎奉旨，日夜兼程，赶到白雀庵，命方圆三十里内村庄里正，割平庄稼，伐掉林木，消除杂草，火速运往白雀庵，庄稼、林木、杂草，里三层外三层将白雀庵围了个严严实实，王虎一声令下，三千御林军执炬火焚。

刹那间，白雀庵浓烟滚滚，烈焰腾腾，一片火海，数百僧尼呼天嚎地，冤魂升天。天庭值日官火速禀报玉皇大帝。玉皇大帝派太白金星，用通天避火绳，搭救三皇姑脱离火海。冲天大火烧了三天三夜，白雀庵变成了一片焦土。

王虎回宫交旨，妙庄王口谕：王虎升三品，赏金三千。宝英如乱箭穿心，顿时昏厥在地。

太行修炼

三皇姑被太白金星用通天避火绳搭救出火海后，到哪里去安身呢？妙善小时候听人说，在兴林国西方，有一座八百里太行山，那里层峦叠嶂，云雾缭绕，沟壑纵横，古木参天，幽雅清静，有许多寺庙掩映其间，是个修行的好地方。于是，妙善决心到太行山修炼，当她风风火火徒步三十里来到邢台地界双楼村时，腰酸腿疼，脚上打泡，嗓子干得像要冒火。这里溪水淙淙，芦花飘荡，稻花溢香，鱼戏虾游，空气清新，风景秀丽，使人心旷神怡。她静静神，舒心地喘了口气，席地而坐歇歇脚。这时，她将灌进鞋里的泥土倒了倒，说也奇怪，平地里立刻从南到北隆起三座土台似的山，当地老百姓叫它三台山。

妙善在这里乞讨化缘，筑洞修炼。因这里离兴林国不过几十里，她唯恐妙庄王知道后，再遭劫难，便于九月十八日西走太行山。当地老百姓因怀念三皇姑，将她离去这天，设醮立会，

二 观音传说 85

并在北台山修起殿宇，塑化金身，世代奉祀。古佛洞、三台山是当年三皇姑留下的千年仙迹，曾有才子题诗抒怀，以示感慨：

庄王火焚白雀庵，
皇姑避难三台山。
一手木鱼一手钵，
四方化缘串村落。
三台修炼三年整，
青灯黄卷古佛洞。
只恐庄王再发难，
跋山涉水苍岩山。
面壁九年成正果，
为救父王舍手眼。
贤孝美德传千古，
圣容示现北台山。

三皇姑修炼时住过的洞，老百姓称其为古佛洞。至今每逢农历初一、十五，降香朝拜的人络绎不绝，商贾云集，门庭若市。

猛虎救命

太行山呀高又高，
妙善修行哪落脚？
太行山呀陡又陡，
妙善修行哪里走？

妙善辞别三台山，眼前路途漫漫，东拐西转，来到隆尧县尧山，参拜尧王庙后，又西行来到太行山。她又是惭愧又是恨。她惭愧五百僧尼被烧死，她恨父王对她行善修行下毒手。她泪流满面，山巅上爬，峡谷里走。她听说，井陉县苍岩山是个修行的好地方，便顺着山路往前走。她走到内丘县鹊山，拜谒扁鹊庙，歇歇脚，继续往前行。她走到赞皇县，朝拜周穆王庙，掸掸风尘朝前走。她走到元氏县封龙山封龙书院，问问路朝前行。腿走肿了，脚板磨得浸出了血。她坐下来，捶捶腿，擦擦血，继续往前走，黑了宿在山洞里，东方发白起身走。野兽在山里叫，毒蛇在草丛里跑。犬牙交错的怪石将她的绣鞋磨得破烂不堪，棘针把她的衣服撕成了碎条条。

她走过九十九条路，绕过九十九道弯，蹚过九十九条河，爬过九十九座山，才来到险奇的苍岩山。

苍岩山，山脚怪石嶙峋层层盘，山腰檀木茂密老藤缠，山巅古柏苍劲钻云天，真是洞天福地好地方。只是这山悬壁陡，峰峦叠嶂，要想上去真是比登天还难。三皇姑眼望崇山峻岭，心想惨死的五百僧尼、化成灰烬的殿堂庵院，心想善良的母后、残暴无情的父王，百感交集，不禁潸然泪下，放声恸哭。这撕心裂肺的哭声，在山间回荡，感动了天界巡视官太白金星。妙庄王火焚白雀庵，太白金星用通天避火绳救出了三皇姑，万万没想到这丫头又转到了苍岩山来了。太白金星吹一口仙气，使一只机灵的小猿猴变成了一个身穿相公衣、头戴相公帽的儒雅书生。书生对她说："姑娘，你哭啥？你走累了吧？到我家歇歇脚。"三皇姑又困又乏，随书生走进了一座红房子。书生让座后,捧出一只大仙桃。三皇姑又渴又饿,三口两口吞下了肚。这时她的两只眼像水一样清亮,脸蛋儿美得像桃花,清除了疲劳,恢复了精神。书生顺口编出了一段逗趣诗:

> 昨夜床上做一梦,
> 姑娘要嫁我书生,
> 长得和你一模样,
> 没拜天地梦已醒。
> 一早我到山里来,
> 寻找姑娘寻芳容,
> 有缘千里来相会,
> 咱俩今天把亲成?

但无论书生怎样说,三皇姑只是摇头,始终春心不动。当她谢过书生,走出门时,回头一看,书生和房子却无影无踪。这时三皇姑又眼望高高的苍岩山,恸哭了起来。太白金星看她出家心意真诚,便派了一只斑斓虎来驮她上山。

三皇姑睁开泪水模糊的双眼,只见一只猛虎匍匐在她的身边,吓了一跳,心想:莫非这猛虎要来吃我?可仔细瞅瞅却又不像。这猛虎慈眉善目,摇着尾巴眨着双眼,善意地凑近三皇姑。三皇姑感到莫明其妙,她说:

> 猛虎猛虎听我说,
> 你是不是要吃我?

> 要想吃我张张嘴,
> 若是不吃把嘴合。

只见那只猛虎闭着嘴,一动不动。三皇姑又说:

> 猛虎猛虎听我言,
> 是否驮我上苍岩?
> 不是把头摇三摇,
> 要是将头点三点。

只见那虎把头点了三下,示意她骑在背上。三皇姑一看转忧为喜,忙擦干眼泪,跨上虎背,只听那虎一声长啸,腾空而起。那啸声满山谷回响,震得树叶哗哗落,震得石头遍山跑,一眨眼的工夫,他们便上了苍岩山巅。

转眼间,猛虎化作一片祥云飘走了。三皇姑来到苍岩山桥楼殿,只见楹柱上有一副对联:殿前无灯明月照,山门不锁待云封。她想,这是多么好的仙境啊!于是,便决心住下来,在这里潜心修炼。

至今苍岩山还留有三皇姑睡宫、泪哭石等仙迹和许多神奇的传说。

有人编了一段《三皇姑推磨真经》,单道三皇姑以上这些经历:

> 一更哩来进磨房,皇姑推磨泪汪汪,惊动惊动哪一

个,惊动上方王母娘。王母娘娘来搭救,搭救皇姑女贤良。

二更哩来黑咕咚,皇姑推磨泪盈盈,惊动惊动哪一个,惊动上方众神灵。众神灵来搭救,小鬼推磨一阵风。

三更哩来半夜天,皇姑推磨泪涟涟,在家不听父王话,一日出家百日难,在家不听父王话,一日出家百日难。

四更哩来半夜多,皇姑推磨累一宿,一对皇姐享荣华,皇妹推磨受折磨,皇姑就在磨道里,盘腿打坐念真经。

五更哩来大天亮,惊动父王来规劝,黄沙小麦磨成面,父王一见心一惊,好言说劝回宫院,白雀庵里谁心疼,忽听雨磨声声响,一阵黄风起在空,黄风一摆三台山,坐骑猛虎上苍岩,苍岩山上安下位,不分男女送香火,四月案卷一花会,四月初四白雀庵,皇姑劝俺上高山,尧山苍岩都拜到,护佑弟子得平安。

庄王患病

阻女行善生奇疾,
人面大疮长在膝,
御医难治病疼苦,
朝政衰落始于夕。

王虎率三千御林军火焚白雀庵，回朝向妙庄王交旨。皇后得知，气得立即昏厥在地，经太医抢救方醒过来。从此，她时时想念贤惠孝顺的三女儿，积郁成疾。

妙庄王火焚白雀庵的灭佛事件，震动了朝野。一时间兴林国议论风起，有的说妙庄王焚毁庙宇残害生灵不得好报；有的说他竟忍心百般刁难亲生女儿，活活烧死，虎毒不食子哩，真是惨无人道，连一点父女情都没有；有的说他气病国母，兴林国朝纲将乱……

妙庄王整天神志恍惚，懒于朝政，似醒非醒，噩梦频繁。他常常迷迷糊糊梦见五百惨死的僧尼冤魂，嗷嗷齐喊，怒目挥拳，向他讨命，醒来心跳不止，浑身淌汗。有一次他从梦中醒来，觉得膝盖上奇痒难忍，悄悄撩开朝服一看，膝盖上长出个豌豆大的红疙瘩，他也没在意，心想一个小小的疙瘩，过几天会好的。

就这样，过了七七四十九天，那小红疙瘩不但没好，反而变成了个人面疮，把妙庄王疼得哭爹喊娘，呼天唤地，连路都不能走。他怕应了人们的议论，坏了自己的名誉，虽成这种惨状，他连御医都不敢惊动，日夜待在昭阳宫里，度日如年。妙庄王哪里知道，这是他命人火焚白雀庵后，玉皇大帝降祸于他呀！宝英认为这是邪病，先是悬镜于龙榻，想辟辟邪，无济于事。于是，她又拖着纤弱的身子，在佛像前摆香案，设供果，点红蜡，插黄香，顶礼膜拜，长跪不起，并念念有词地祈祷："天罗神，地罗神，人离难，难离身，一切灾难化为尘，若使我主病体好，初一十五把香烧。求佛祖，施恩典，保佑我主福寿高。佛祖显赫家安泰，无灾无祸福常来。"

人面疮越长越大，妙庄王一病不起，再也不能上朝理政了，他想没有不透风的墙，光是这样隐瞒着不治，也不是好法儿，何况越来越厉害。于是他和宝英商量，还是叫太医早点看看好。

太监呼来太医，太医看后觉得这是一种奇难病症，甭说咋治法，就连见都没有见过。太医急得豆大的汗珠从额头上"扑嗒扑嗒"直往下掉。他翻遍皇家医书药典，也没有查出这种病。妙庄王又请来许多名医高手，吃遍普天下的灵丹妙药，结果都无济于事。妙庄王原来的一脸福相，这时却成了骨瘦如柴的干瘪相。

从此，兴林国开始朝政混乱，加上连年灾荒，苛捐杂税名目繁多，老百姓流离失所，生活苦不堪言。

奇方怪药

可怜天下父母心，
养儿防老盼报恩。
不计前恶治父病，
孝举感化庄王心。

妙庄王的人面疮轰动了全国。妙庄王心想：莫非我的阳寿将尽，气数已到？他在朝平城张贴皇榜，广招天下名医。榜文是妙庄王口谕：谁能治好孤王病，官封三品，赏金万两，生修官邸，死修庙宇，世代奉养……

榜文贴出后，轰动了全国，名医高手蜂拥而来，云聚朝平城，里三层外三层，翘首争睹，人头攒动，摩肩擦背，但看来看去，没人敢揭皇榜。

三皇姑在苍岩山，日日净手焚香礼佛，虔心悟道，勤做功课。转眼九年，于农历六月十九日修成了正果。

这天，一个云游和尚，来到朝平城，拨开拥挤的人群，伸手揭了皇榜。众人面面相觑，看榜官说："你是哪来的和尚，胆大包天，竟敢揭此皇榜，你能治好我主的病吗？"

和尚双手合十，微微躬身施礼，说："没有金刚钻，不揽瓷器活儿，贫僧药到病除，起死回生，瞎子能治眼亮，哑巴能治出声，瘫子能治站起，拐子能治腿平……"众人瞪着惊疑的目光，听着和尚的陈述，盯着他药葫芦上镌刻的两行娟秀小字：宁愿百年药尘封，但愿世上人无病。

看榜官没等和尚说完，忙引和尚来到妙庄王病榻前。妙庄王正呼天叫地，他迷迷糊糊地听说一个和尚揭了皇榜，来与他看病，便咬紧牙关，忍着疼痛停止了嚎叫。

和尚开始把脉问诊，约莫过了半个时辰，慢条斯理地说："此病乃阻行善、焚烧寺院、残害生灵所致……"庄王听后打了个冷战，心想：这和尚怎么说得这么透呀？他好似在兴林国里调查过一样。于是，妙庄王迫不及待地问："治病需要啥药呀？"

和尚眯着眼，沉吟良久，说："你已病入膏肓，很难医治，老衲倒有一方。"和尚开出药：第一味老龙肝凤凰胆，第二味老虎眼豹子心,第三味青龙脑子万人心。和尚说前两味药分文不取,由他奉送。可是这第三味药却难住了太医和满朝文武百官。和尚看众人面露难色,便解释说:"其实呀,这第三味药最好找。青龙嘛,就是老百姓碾米用的碾子,青龙脑子便是那石碾轴上的油腻子。万人心,就是那神火池里的香灰呀!你想想,在这兵荒马乱的年头,普天下老百姓烧香祈祷,谁不盼有个贤明的君王?谁不想忠臣得道、奸臣受诛哇!谁又不想风调雨顺、五谷丰登、欢欢乐乐过光景呀!"

一席话,说得太医和文武百官心里像打开了百叶窗一样明亮。和尚望了一眼妙庄王说:"只是这药引子太难找了。这药引子,不要金不需银,它需亲生儿女的手和眼,它需亲生儿女的孝心。"说完拂袖而去。宝英听后,吓得六神无主,低头垂泪。当她抬头看两个公主时,两位公主早已害怕得躲走,各自回府了。

妙庄王一听吓呆了,喃喃自语道:"亲生儿女,亲生儿女……"突然他"哎呀"一声,腿又疼了起来,额头上的汗像断线的珠子一样滚落下来。他心头一酸,长长地叹了一口气说:"孤王无子,现只有两个女儿,还不知她们肯不肯舍手眼呢?"宝英在一旁只是唉声叹气。

妙庄王叫宝英到何府去和大女儿商议,不一会儿,禀报说:"女儿闻言大惊,哑然不吭。驸马坚决不肯,并说在家随你,出嫁随夫,她已经是我的人了,况且身怀有孕,失去了手眼,怎么照顾孩子呀?"妙庄王一听,心立刻凉了一半。妙庄王又叫宝英到赵府和二女儿商议,不一会儿,禀报说:"女儿、驸马吓得面色苍白,泣不成声,说他们夫妻恩爱,没有了手眼,就没有了他俩的幸福美满生活,都不同意。并说这和尚是害人妖怪,想借刀杀人,轰出去,另请高明。"妙庄王听后,立刻瘫软在床上。他唉声叹气地说:"真没想到,连自己的亲生女儿也不肯舍手眼救我。俗话说,种谷防饥,养儿防老,我还没到耄耋之年,竟然如此对我!"他像气疯了似的整天大骂两个女儿招了驸马忘了骨肉亲,忘了养育恩。他诅咒两个驸马荣华富贵受皇恩,有恩不报,不得好报。这时,他想起了那贤良孝顺、深明大义的三公主,只恨当初错怪了女儿,可是,三女儿早已丧生火海,妙庄王感到懊悔,生而无望,呜呜地痛哭起来。

宝英劝妙庄王说:"我昨夜做了个梦,梦着咱们那三公主并没有死,火焚白雀庵,她被太白金星搭救到了苍岩山,早已修成正果,整天上山采药,为当地老百姓舍药治病。她的医术胜过扁鹊,赛过华佗,人们称她是神医哩,何不派人到苍岩山去找找她呢?"

妙庄王听了皇后述说的梦境,又感到生而有望,不禁转忧为喜,心想:看来只能大麦难收收小麦了。于是庄王派老臣杨杰急备青龙马,日夜兼程,前往苍岩山拜求三皇姑。杨杰穿山越壑,涉洞蹚河,来到苍岩山,果然见到了三皇姑,大礼参拜,陈述了情况,说明了来意。

三皇姑说:"俗话说,羊羔跪乳,小鸟反哺。禽兽都知道报亲恩,堂堂皇姑和驸马竟连禽兽都不如,还有何脸见人。他们眼下也已为人父母,过三四十年后也要病老体衰,一辈儿传一辈儿,这辈儿传下辈儿,难道就不怕将来儿女如此仿效对待自己吗?"三皇姑说到这里,不禁一阵心酸,对杨杰说:"那我代替二位皇姐行孝了,不过父王要想治好病,还需请他答应三件事哩!"

杨杰万分激动地说:"皇姑请讲,老臣一定转告办到。"

三皇姑说:"第一件,治理朝政要亲贤臣远小人。俗话说,近贤臣成业,远小人避灾;第二件,重修白雀庵,设水陆道场,为五百惨死僧尼超度亡灵;第三件,废除苛捐杂税,施惠于民,让老百姓安居乐业过日子。"三皇姑焚了三炷香,又说:"如父王答应这三件事,我情愿献出手眼,为父王治病,报答父王的养育之恩。你可于农历七月十五孝义节那天来取手和眼。"

义舍手眼

为人不把父母孝,
天地良心何处抛?
应知父母恩情大,
纵然伤身亦应报。

杨杰听三皇姑讲完三件事,深施一礼,便晓行夜宿,回到皇宫,向妙庄王回命。他说:"三皇姑果然在苍岩山修成正果,被当地老百姓称为神医,并说情愿献出手眼,治您的病。"皇后紧锁的眉展开了。

妙庄王字字听得真切,双眼立刻炯炯有神,说:"何不早日让她回宫,来治孤奇疾怪症?"

杨杰将三皇姑提出的三件事一一禀报。妙庄王说:"甭说三件事,只要能治好朕的病,就是千万件也能办到。"他火速降下悔过旨,布告各州县;免除百姓的苛捐杂税;于农历九月二十五日,在白佛寺设水陆道场,为葬身火海的五百僧尼超度亡灵。

三皇姑于孝义节那天,操起龙泉剑,寒光闪过,碧血飞溅,毅然剁下双手,剜下双眼,放在了香盘里。

杨杰取回血淋淋的手和眼,献给妙庄王。妙庄王龙目一睁,如五雷轰顶,吓得出了一身冷汗。说也奇怪,那人面疮没过半个时辰,便结痂脱落,康复如初了。一场大病教育了妙庄王,他明白了自己近小人远贤臣给国家带来的灾难、给老百姓带来的痛苦,自己也差点丧失了生命。他感到三女儿很有远见卓识,她说的句句是忠言。妙庄王颇有感慨地说:"真是纵有金山银山,莫如贤儿孝女啊!"

从此,三皇姑芳名远播,兴林国臣民到处传颂她孝亲的美德。

水陆道场

往事历千年,

寺毁僧不见。

如今遗址在,

尚存水陆殿。

水陆道场,在宗教盛行的封建社会,有富豪人家独立经办的,称独姓水陆道场;一般老百姓独家办不起,联合起来举办的,称众姓水陆道场。这对一些重孝悌的家庭都是常事,老百姓早已司空见惯。

在兴林国,一国之君办水陆道场,这还是第一次。水陆道场，在白佛寺水陆殿由皇家举办，邀请四方名僧、善男信女、四众弟子参加。白佛寺前，人山人海，十分热闹。

水陆道场布置得很隆重，水陆殿正中悬挂着佛祖释迦牟尼画像，设有供桌，摆有香花、果品等供物。并安放着四个长方台，台上分别放有铜磬、斗鼓、铙钹、手铃等专供住持僧用的法器。两侧挂着五百惨死僧尼的牌位。参加水陆道场的僧尼千余人，庶民百姓，看稀罕瞧热闹的里三层外三层，把白佛寺围得水泄不通。

妙庄王和皇后亲率群臣参加。白佛寺住持依照忏法，让妙庄王礼佛诵念经文，忏悔阻女行善、火焚庵院烧死五百僧尼的罪业。妙庄王百感交集，泪洒殿堂。千余僧尼诵经礼拜，为五百惨死的僧尼超度亡灵。水陆道场举办了七七四十九天，妙庄王从此改暴从善。

水陆殿，面宽四丈八尺，进深一丈六尺，内有八根棱形石柱，支撑着梁檩椽瓦整体起脊结构，石柱上的浮雕、铭文和梁架上依稀可辨的珍奇彩绘，具有拙扑典雅的风格。在历史扭曲和顿挫的年代里，白佛寺几度兴衰，其他建筑至今已荡然无存，而唯独水陆殿幸存，为啥呢？还有个神奇的传说哩。

据传，每逢阴天或下雨，水像断线的珠子顺着白佛寺殿内的八根石柱扑嗒扑嗒往下流，能浸湿水陆殿的大半个地面。人们说，这是妙庄王和正宫娘娘宝英忏悔和感谢三女儿善行孝举的泪水，所以人们从不敢毁坏这座神圣的殿堂。

千手千眼

> 南和县,南和县,
> 县里有个白佛店。
> 白佛店村白雀庵,
> 庵里有个观音殿。
> 为啥香火永不断?
> 妙善孝亲千古传。

水陆道场后,妙庄王忏悔了自己的罪业,经常回想女儿不计前恶献手献眼的救命孝举。他要还三女儿全手全眼,以了却他大难不死的心愿。

他偕同皇后率领文武百官、宫娥嫔妃,来到苍岩山敕封三皇姑。苍岩山附近的百姓听到这个消息后,都纷纷前来参加,人如潮涌。他本想将三皇姑封为"全手全眼观音",但由于心情激动,说走了嘴,竟将"全手全眼"说成了"千手千眼"。在那封建社会里,帝王都是金口玉言,说啥算啥,他的话音刚落,女儿长出了千手千眼,群情激奋,欢声雷动。之后,百姓又颔首合掌肃然起敬。

从此,名刹寺院也就添了一尊端庄慈祥的千手千眼观音。千眼遍观世间不平事,千手遍护受苦受难的庶民百姓,利益安乐一切众生。

妙庄王回朝后,传旨全国能工巧匠,重修白雀庵,增建千手千眼观音殿,为三皇姑塑化金身,并在楹柱上撰联涂金:瓦固生瓦固长出家白雀，苍岩山修正果普度众生。横批：千手观音。据说这位菩萨有求必应，神通广大，老百姓都把她当作自己的保护神，有了什么大灾大难，或有个什么心愿，只要到白雀庵虔诚拜求，就能逢凶化吉，合家平安或万事如愿。

后来战乱迭起，大驸马何风，二驸马赵魁，都被杀死，全家被抄。两位皇姐"身遭厄运万念空，暂论佛法了残生"，效法三皇姑，遁入空门，潜心修炼。后来两位皇姑也果然得道，大姐妙音在五台山出家，成为文殊菩萨；二姐妙颜在峨眉山出家，成为普贤菩萨。我国佛教四大名山，三皇姑姐妹占据了三座名山，受到中外香客游人的朝拜。

帝王脱尘

乱世枭雄一帝王，
君权荣华草上霜。
皇城遗址今犹在，
只是不见妙庄王。

两位驸马惨遭杀害，三位皇姑皈依佛门，兴林国江山败落。妙庄王和宝英，感到尘世烦恼，最后，舍弃王位，也皈依了佛门。妙庄王和宝英也得道成为菩萨。西天如来佛观宝英雍容端庄，慈善安详，既有女性美，又具母性爱，并且"水中救蚂蚁，行路不伤虫，卷帘归乳燕，怜蛾不点灯"，便封她为万善菩萨。人间帝王，皈依佛门，修炼成道，这是佛门大事。据传，西天如来佛亲自把妙庄王召去，要给他在菩萨行里排个位次。在觐见佛祖时,妙庄王非常高兴。忽然神情恍惚,想起皇宫金库大门年久失修,不知道是否修理加固,堆积如山的金银珠宝是否丢失损耗,宫娥彩女、三千佳丽是否还在皇宫。如来佛的慧眼看透了妙庄王的心事,说:"看来你凡心未灭,尘缘未断,贪恋金钱女色,不配进寺院大殿,受人香火供养,罚你到'海天佛国'你三女儿道场普陀山凉亭或路边找个安身之处吧!"妙庄王一听,吓得魂不附体,面色蜡黄,浑身哆嗦成一团,心想:"哎呀,我真是心口不一,瞒了人眼瞒不了佛眼,这真是'暗做亏心事,神目实难避',看来只好到普陀山去找归宿了。"从此,普陀山的凉亭旁、路边,出现了许多小龛佛,里面的小菩萨就是妙庄王,中外朝山礼佛的香客游人,都免不了给他点小小的施舍,人们戏称其为"讨饭菩萨"。

古城再现

朝平城,庄王宫,
城郭壮观宫辉煌。
兵灾水患千年事,
城毁空留瓦砾岗。

兴林国在战乱中覆灭了。曾经繁华热闹的都城朝平城,毁于兵火水患,变成了一片废墟,残留下许许多多碎石瓦片。因朝平城地处高岗,故被后世称为瓦砾岗。

瓦砾岗,地处南和县杨庄、前郭平、宋台村南,段村村北,东西长三华里,南北宽二华里,是一片广袤宽阔的沙土岗地。过去这一带不长庄稼,老百姓只能靠栽种荆条、编篓编筐维持生活。

在这一带,老百姓清早下地干活,或挑筐篓到南和城里赶早市,不但看到高耸巍峨的城楼、数不清的垛口、全副武装的卫士在威风凛凛地站岗放哨,还有国母宝英、嫔妃宫娥,在欢天喜地地观看戏剧演出的壮观场景。

过去,南和城里有买卖筐篓的早市,太阳一出就散市了。当地百姓恪守"扁担是条龙,勤担勤挑不受穷"的信条,因此,凡是买卖筐篓的人都在五更天前赶到早市。据传说,有一天,段村有一个卖筐篓的农民起得太早了。他挑着沉甸甸的筐篓,扁担压得咯咯吱吱响,觉得没走多大工夫就到了城门口。他放下扁担一看,城门未开,有两个守门人还在桌子上趴着打盹呢,心想,我可能来得太早了,不妨也蹲下打个盹,等城门开了再进市。谁知这一打盹不要紧,太阳已出了一竿高他还没醒。下地干活的人看到路边睡着一个卖筐篓的人,连忙把他喊醒。他睡眼朦胧地站起来,却发现城门不见了,便转着身子找城门。干活的人看他傻里傻气的样子,不知是咋回事,都笑了,问他寻找啥哩。他把详情向干活的人说了一遍,谁也不知是怎么一回事,认为是卖筐篓的人在做梦。有一位上了年纪的农民说:"我听爷爷讲过,这里古时候是座城,妙庄王的宫殿就建在这古城里,后来不知啥时候毁了,变成了这片瓦砾岗。有老百姓在这里耕地时,还翻出过许多瓷罐儿、陶碗儿和碎烂瓦块呢。"

这种虚幻的海市蜃楼景观,老百姓叫它"古城再现"。

三 民间传说

1 孝子坊

在南和县瓦固村,有一座孝子坊,说起这座孝子坊,还有一段有趣的故事呢。

清朝乾隆年间,瓦固村有一刘姓人家,老两口只有一个宝贝儿子,名叫刘典。小刘典的父母视儿子若掌上明珠,小刘典对父母百依百顺,非常听话。村里大人小孩,无不夸小刘典是个好孩子。刘典小时候,经常与小伙伴们到村北观音殿玩耍,听老人讲皇姑舍手眼为父治病的故事。

刘典14岁那年,父亲得了病。病人嘴馋,父亲想吃羊肉,家里贫穷无钱买。刘典起早贪黑去打柴,挑到市上卖了钱,给父亲买回羊肉吃。父亲想吃年糕,刘典就将卖柴的钱给父亲买年糕吃。有一年冬季,父亲想吃鱼,他立即拿起渔网,冒着刺骨的北风来到澧河岸边。河水结有厚厚的一层冰,刘典放下渔网，面向观音殿，仰天祈祷：

> 三皇姑呀三皇姑，
> 你为父王舍手眼，
> 我救父亲肝肠断，
> 再苦的黄连我能吃，
> 再累的活儿我能干，
> 父亲受罪我不忍心看，
> 求皇姑，施恩典，
> 早给我父免灾难。

说也怪，冰忽然裂开一道宽缝，从里面蹦出一条大鲤鱼来，刘典高兴极了，立即带回家，煮给父亲吃。

刘典父亲一病十几年，累得刘典疲惫不堪。一天，父亲想吃肉，他就拿起切菜刀，从自己的大腿上割了一块，煮了给父亲吃。父亲吃后觉得格外香，问刘典是啥肉，刘典将破裤筒卷到大腿上。父亲一看刘典血淋淋的大腿，吓得出了一身冷汗，十几年的病立马康复如初。刘典父亲跑到南和县衙，向知县周章焕述说了儿子的孝行，周知县感动得泪洒公堂，立即叫师爷详书刘典孝亲事迹，呈奏朝廷，欲建坊旌表。当时，吏部天官刘墉接了奏折，一看是刘家出了孝行，大力支持，但因贪官污吏层层克扣，发下来的所剩无几，只建了个小小的孝坊。至今，在瓦固村还有圣旨刻石、孝子坊石立柱和横额旌表石。

2 千手椿

从前,南和县瓦固村有一座千手观音殿,由于历史沧桑,变成了一片废墟。在千手观音殿的废墟上,世世代代杂草丛生,树木茂盛。在杂草树木丛中,不知啥时候,长出一棵亭亭玉立的椿树。

说来奇怪,其他杂草树木,枯了又活,活了又枯,村里的小孩子也不断地到这里打草,攀折树枝,唯有这棵椿树,却常年郁郁葱葱,一年一年往上长。每逢农历初一、十五,善男信女们怀着各种心愿,来到这里。烧香的、拜佛的、许愿的、还愿的,人流涌动经歌如潮,热闹非凡。

据传,千手观音殿虽成废墟,但三皇姑仍不忘家乡情,点化了这棵椿树,让它守在大殿的废墟上。瓦固村大人小孩都敬仰三皇姑,所以也就没人攀折这棵椿树。

南和流传着古老的"转椿树讨高"的习俗。每年除夕夜深人静的时候,总有一些做娘的妇女,领着自己的矮孩子,到椿树下祈祷:椿树王,椿树王,你长粗来儿长长,你长粗来好成材,儿长高来心欢畅,嫁娶不愁谢椿王。祈祷完后,矮儿或矮女开始转椿树,按顺时针连转三圈,边转圈嘴里边哼着许愿歌:椿树椿树你好香,正转三圈一齐长。今年我若长高个,明年烧你三炷香。转完,要一溜烟跑回家,半路不准回头看,碰到人也不许说话。据老人传言,回头说话就不灵了。

现在瓦固村民在千手观音殿的旧址上，重新盖起了观音殿，塑画了千手观音像和两位皇姐，其中两位皇姐作为左右协侍，还塑了善财龙女和十二乐女像。

这棵古老的椿树，树身挺拔，树头长得圆圆蓬蓬的，像一把伞一样。每逢秋季一过，枝梢呈现出手状。据老人说，三皇姑修成千手观音后，这棵椿树也就显灵啦！近年来，香火旺盛，前来礼佛朝拜的游人络绎不绝，争相目睹"千手椿"。千手椿成为殿前一景。

老人们还传言，三皇姑一生吃素，不吃带刺激味的饭菜。在苍岩山修成正果后，她悄然返家停止饮食，每天只喝熬好的中草药汤。后来，她又留下肉身，悄然而去。那躺在禅床上的肉身，不腐不僵，有体温有弹性，像在睡眠一样。早年间，在千手观音殿旁，还建有三皇姑肉身殿。

3 瓦固村改姓

历史上，南和县瓦固村本来属妙姓居多，但是现在的南和县瓦固村却没有一家姓妙了，这还得从妙庄王火焚白雀庵说起。

因妙庄王阻女行善，火焚白雀庵，烧死五百僧尼，玉皇大帝降祸，使他得了人面疮，险些丢了性命。妙庄王的灭佛事件传遍了兴林国朝野，当然也传到了瓦固村，这可吓坏了妙氏家族。

在过去，一人犯罪，祸及九族，妙氏族长怕祸及本族，急忙在妙氏宗祠召集族人商议如何办。有人说："干脆改姓好了!"有人说:"改姓是耻辱!"有人说:"管它耻辱不耻辱,躲过灾祸总比灭门绝户好……"大家你一言我一语,议论不休。最后,妙氏族长说:"姓只是一个宗族的代表符号,在我们祖先创造百家姓时,并没有规定哪个姓荣耀,哪个姓耻辱,我看还是改了好。"大家都觉得族长说得在理,也就同意了。

那么,改啥姓好呢?有一个老秀才说:"妙姓不属百家姓,而是稀有姓氏,俗话说,张王李赵遍地刘,我看就改刘姓好了。"大家认为老秀才说得在理,俗话说,亲不亲,族上分,这样一改,既入了百家姓,又不管走到山南海北,都是同姓人。

从此,瓦固村主要的姓氏妙姓改成了刘姓,延续至今,刘姓还是瓦固村的大户哩!

4 东浪沟与西浪沟

在如今的河北省邢台市开发区留村镇一带,有两条河,一条叫东浪沟,从邢台市南郊的百泉泉区向南,从邢台市开发区的北俎村东,流经村南,过潘庄村北,经薛庄村南、迓祜村南,一直流向南和县瓦固村;一条从百泉泉区流经沙河北俎村西,往西南俎村西、六房村西,一直过留村村东往北阳村北,直流向瓦固村。以前,这一带遍地沼泽,水草丰茂。这两条河流水不断。在这两条河上,每隔五里,就有一座桥,每个桥头上都雕有虎头,又称虎头桥。

传说,这两条河本来是为了浇灌妙庄王的花园而流。当年，妙善被妙庄王责罚在御花园浇花时，惊动了玉帝，玉帝专门派龙王去助她一臂之力。因为，妙庄王的御花园特别大，只凭妙善一个小女子浇灌根本不行，许多花儿眼看就要旱死了，妙善昼夜不停地挑水也浇不过来数十亩大的皇家花园，于是龙王就派虾兵蟹将在一天的深夜，从百泉发了一次大水，可奇怪的是，这大水并不是漫流，而是分两条河似的，不淹村，不过店，专门避村就空，弯弯曲曲向瓦固村方向流去，一条流到花园的北门，直冲而入，一条从花园的南门而入，一晚上就把数十亩的花园浇了个透湿。花园里的花立即重现生机。后来人们才知道，原来，这两条河之所以没有淹百姓的庄稼择地而流，是因为有一只老虎在看着水头。而龙王本来并没有意识到只浇花园而不淹庄稼。这只老虎，就是后来驮观音菩萨上苍岩山上修行的那只老虎。因这两条河是两条水浪冲击而成，所以，当地百姓就称之为浪沟，意指水浪冲击而成的沟。因为一条河是从北俎村的村西而下，另一条河是从北俎村的村东而下，所以，当地百姓就分别叫它们东浪沟与西浪沟。又因为当初这两条河之所以没有淹没庄稼，是因为有老虎看守，所以，人们在河上修桥时，在桥墩上都雕刻上了老虎，希望这只为人造福的老虎永远看守着这条河。后来人们干脆就将这些桥叫老虎桥，至今在邢台市开发区留村镇和王快镇人们还把这些桥叫作老虎桥。

5 白雀庵与腊八粥

三皇姑舍手眼治好了妙庄王的人面疮，重修白雀庵，尼姑骤增,香火旺盛,百姓纷纷烧香祈福,许愿还愿,求佛抽签,香客游人前来求吉利者络绎不绝。

兴林国灾荒不断,战争连年,百姓流离失所,怨声载道,生活极度痛苦。白雀庵成立了慈善院,收容了大量难民孺婴。

农历十二月初八为佛祭日,每逢这天,寺院煮粥供佛,这种粥称为佛粥。这年佛祭日,白雀庵千人粥锅(可供一千人吃饭的锅)前,围满了面黄肌瘦、携儿带女的百姓。老人们只是唉声叹气,埋怨自己逢上这乱世灾年。小孩子哭着叫着,伸手向僧尼们要食吃,像嗷嗷待哺的小鸟。这天,白雀庵僧尼从早到晚忙个不停,煮了许多锅粥,施舍给饥肠辘辘的百姓。在死亡线上挣扎的百姓,无不称赞白雀庵的僧尼是菩萨心肠。后来,吃粥的习俗由佛门传到了民间,人们每年腊月初八,在米里掺上果仁、小杂粮煮成粥,供全家食用,特别好吃,俗称腊八粥。

四　寺庙文化

1　白佛庙会

南和县白佛庙会始于唐朝时期,庙会规模宏大,历史久远,现今影响已波及5省27县市,会期长达15天左右。庙会和观音菩萨应化白雀庵有关,有着深厚的群众基础和浓厚的佛教色彩。

话说,由于白雀庵香火兴盛,信众如潮,所处位置又交通方便,引来众多商贩,使白佛村内店铺林立,因此,该村又叫白佛店,每年有农历四月初四、六月十三、九月二十五、腊月初七四个庙会,延续至今。

古时的白佛村庙会一直很兴盛,民间贸易规模很大,人数极多,寺院香火远及一府九县,甚至在山东、河南,都名声很大。会期三、五、七天不等。白雀庵附近搭有许多茶棚,供前来赶会的善男信女吃住。

白佛庙会

　　每逢庙会，村里及寺院必联合出资，邀请民间戏班演《目连救母》。《目连救母》讲的是如来佛弟子目连看到死去的母亲受倒悬之苦，不能救助，求救如来佛，他依照佛祖之言，于七月十五日敬设盛大的盂兰盆供，以百味饮食供养十方僧众，借助众僧神威道力，帮助母亲脱离了地狱之灾。后来，这种宗教活动传到了民间，人们每到七月十五这天，就会为过世的冥间祖亲施财祭祀。因此，民间曾将农历七月十五称为孝义节。

　　因为这个戏里含有孝敬双亲的意思，很受人们欢迎，每逢演出时，观众成千上万，人山人海，百看不厌。据说，每当演到目连敬设百味饮食，十方僧众帮助他母亲解除倒悬之苦时，被其孝心所感，台下观众喝彩声经久不息。

　　除唱大戏外，善男信女及民间艺人，一群一群地散布在白佛村街巷及寺庵山门前，说唱无名氏整理的《大悲卷》和歌颂三皇姑修行的《推磨歌》《捣碓歌》《哭五更》《十二月歌》等，其内容皆是三皇姑修行如何艰难之事。百姓携子抱孙围听，精神专注。还有"跑驴""跑花船""耍狮子"等民间乡艺，情趣盎然，热闹非凡。这些习俗至今盛传不衰。"文革"期间，在破"四旧"运动中，白雀庵被夷为平地。改革开放后，白雀庵恢复重建，庙会又重新兴盛起来。

白佛庙会不但香客如流，信众如云，而且对促进当地经济发展及文化交流也起到了积极的推动作用。

近年来，白佛庙会除了宗教和民间信仰活动外，商业贸易规模越来越大。庙会期间，各地商业、服务业搭棚设摊，服装、布匹、杂货、饮食等市场，布满大街小巷、村边空地。在一年四个庙会中，农历四月初四、九月二十五规模最大，会期长达二十天之久，人数达数十万之众。当地一位作家曾写过一篇《白佛庙会》的散文，对白佛庙会是这样描绘的：

> 如果你有时间，在一个阳光明媚、风和日丽的好日子，一出门心情就好了许多，享受着新鲜的空气。沿着弯曲的乡间小公路，望着一望无际的碧绿麦田，一排排挺拔的小树，整齐的农家小院，路上不时有车和行人经过，忙碌着各自的事情，真是一派好风光、好气象啊。一路上说说笑笑很是开心。途经著名影星王宝强的家乡，经过历史名人朱正色规模庞大的古墓群等，但都没有停留，走了大约半个小时的光景，径直到了白佛村的白佛庙。一进白佛村就先看到了停放在村口的大客车、小轿车、拖拉机、三

马等载客的交通工具,那也是一片片的啊!再往里走就看到了人头攒动、熙熙攘攘的人群,这里是典型的农村庙会,摆摊的、游逛的、讨价还价的等等,走了有一二百米,就到白雀庵了。这里卖烧料的摊点很多,烧料是应有尽有。存了车,进了庙,里面烧香的、拜佛的真是壮观哪!烟雾缭绕、虔诚膜拜、地上跪下一片一片的。也有打扇鼓、跑社火的,嘴里念念有词,祈福的、求子的、保平安的、还愿的等等,你说能不热闹吗?转了一圈,上了点油钱,算是没白来吧,当然没有什么奢求,只是凑个热闹罢了。这也是多年来这里形成的习惯了,因为上香的人太多,真要到庙会那天才来的话,别说叩头找不到空地儿,恐怕你连上油钱的份儿也没了,根本就挤不上去,这不是在夸大,也没必要吹嘘,要不人们为什么要提前半个多月就开始来呢?可见这里的香火是多么的旺盛啊,真是名声远扬、佛力无边哪;也是人们对真、善、美的化身——千手千眼观世音菩萨——三皇姑——妙善公主的信仰。

这段对白佛庙会的精彩描写,可谓恰如其分。

2 观音文化研究会

河北南和观音文化研究会是2002年由白雀庵组织成立的一个专门从事观音文化研究的社团组织,现有会员五百余人,其中大学教授、历史文化专家三十余人,会员遍布全国各地。

研究会旨在弘扬、传播、研究观音文化,开展佛教文化艺术交流和社会公益慈善事业活动,为促进社会经济发展发挥积极作用。自成立以来,该研究会举办了一系列活动,在全国受到关注。

2005年8月23日,观音文化研究会在白雀庵举办了"邢台市佛教界纪念抗日战争胜利60周年座谈会"。他们邀请社会各界名流大德来到白雀庵共同纪念抗战胜利,他们虽身在佛门却关心民族兴旺,宣传爱国主义精神,引起社会关注。

首届观音信仰与南和历史文化研讨会

在观音文化研究会的组织下,2011年6月12～13日,首届观音信仰与南和历史文化研讨会召开。此次研讨会由邢台市民族宗教事务局和南和县人民政府主办,河北省佛教协会、邢台市佛教协会协办,以"妙善故里、佛乡之约"为主题,通过"观音信仰与南和历史文化"研讨、观音书画展、千手观世音戏剧晚会、白雀庵观音殿奠基法会等一系列活动,向外界充分展示当地佛教历史文化、城市发展以及白雀庵寺院建设等方面的成就。来自佛教界、学术界的四十余位专家、学者及社会各界人士两千余人参加研讨会。

12日早晨,冀南古城南和上空,碧空清澈,煦风轻拂,丽日当空,整个南和县城的主要公路街道干净整洁,彩旗飘飘。南和县影剧院大门处,搭起了巨型彩色拱门,挂着醒目的会标,让人充分感受到热烈、祥和的气氛。

南和县政府副县长周世伟主持大会。9时整,周世伟宣布首届观音信仰与南和历史文化研讨会正式开幕,话音刚落,全场立即响起热烈的掌声。主席台上,坐着中国佛教协会副会长、河北省佛教协会会长净慧长老,中国社会科学院世界宗教研究所教授黄夏年、纪华传,北京大学哲学系教授姚卫群,北京师范大学哲学系教授徐文明,厦门大学历史系教授王荣国,四川省社会科学院研究员向世山,甘肃天水麦积山石窟研究所研究员屈涛,西北大学佛学研究所所长李利安,南京大学哲学系教授杨维中,中国作家杂志副主编萧立军,浙江社会科学院宗教研究中心教授陈永革,西北大学中文系教授张宏,中国佛学院讲师戒毓法师,河北省社会科学院哲学研究所所长魏建震、副所长梁世和,河北师范大学政法学院教授张玉海、史纪合,中国佛教协会《法音》编辑部王丽心等二十余位专家。

净慧长老综述了观音精神在构建和谐社会中的作用,他开示说:南和县白雀庵在历史上就一直具有浓厚的观音信仰,并且影响了周边地区的信教群众。南和的观音文化作为一种历史文化现象,非常值得我们去关注与研究,这也是构建和谐社会、发扬人类慈爱本质的一个重要资源,应把民间信仰提升到主流观音信仰上来,发扬观音菩萨慈悲济世的理念,使之成为时代的精神。李利安教授以观音信仰和观音法门的传播和发展为命题谈到,在亚洲大乘佛教信仰中,观音是最为著名的菩萨。"家家弥陀佛、户户观世音",观音菩萨的信仰千百年来早已广泛流传,她是大乘佛教慈悲救世精神的体现。无论净土、禅、密各宗,任何拔苦济乐的法门,都离不开观世音菩萨。慈悲即观音,在中国妇孺皆知,深入人心,而作为观音菩萨的应化地,白雀庵将成为观音信徒心目中神圣的地方。屈涛就妙善公主的精神和时代意义进行了阐述,他认为,观音文化作为一种文化软实力,应符合现代和谐理念,把她的时代意义挖掘出来,体现她的特殊价值。

与会者对我国观音文化现象进行了深入的研讨,并对传统文化的传承与发展、提高文化软实力、打造地方文化名片、推动文化产业发展、促进地方经济建设提出了许多独特的观点和建议。会上,大家一致认为,南和县观音文化历史溯源久远,观音信仰广泛;观世音菩萨的前身妙善公主的故里为南和县,白雀庵是主要的观音菩萨应化道场之一。

会上,净慧长老亲题"弘扬观音慈悲文化,打造南和首善之区"几个大字并赠予白雀庵留念。

下午3时,在南和县领导的陪同下,嘉宾们来到南和县文化活动中心,一起参观了由南和县文广新体局主办的大型观音文化书画展。一百多幅观音工笔画像、书法作品在这里展出,这些作品均由南和籍书画名家和书法爱好者书写、绘制,集中反映了南和观音文化创作的最高水平和独特风格。

南和观音文化书画展

晚8时,南和县影剧院举办千手观音戏剧晚会,嘉宾和群众共1000多人观看了演出。晚会以戏曲的表现形式反映了妙善公主出家,舍手眼救父,成就千手千眼观世音菩萨的感人故事。台下观众凝神注目,不时向演员们报以热烈的掌声,观音菩萨普度众生的慈悲精神更让大家为之动容。演出结束后,嘉宾们对整个戏曲晚会的编排和演员们的精彩表演给予了高度评价。

13日上午,白雀庵上空,数十个悬挂巨幅标语的红色气球高高飘扬。白雀庵院内,阵阵佛乐,悠悦缭绕。

上午9时整,白雀庵观音殿奠基法会仪式正式开始。在大悲殿前的中心会场,人声鼎沸,万众瞩目。各种队形、方阵及座席排列有序;钟、鼓楼与天王殿后的各处台阶上,盛装打扮的腰鼓队、鼓乐队、龙狮队,一一待令奏乐。

千手观音戏剧晚会

奠基法会由河北省佛教协会副会长、邢台市佛教协会会长果慧大和尚主法。洒净仪式上，果慧法师宣说法语，护法善信虔诚礼拜，诵经祈福。数位法师手持杨枝净水，绕场一周分别洒净加持。接着，净慧老和尚在奠基仪式上做重要开示，期望白雀庵践行观音菩萨慈悲为怀、普度众生的弘法理念，并把寺院建设成为国内一流的观音道场。

然后是悟贵法师致答谢辞，会场内外的人群报以经久不息的掌声。悟贵法师手握麦克风向与会来宾做了深情的致辞，表述了她的一切成就都得益于党和政府的支持，得益于社会各界的关爱，得益于所有护法居士和香客的帮助。她表示将一如既往地带领白雀庵僧众及广大信众爱国爱教、弘扬佛法。发扬庄严国土、利乐有情的佛教传统，为构建和谐社会做出积极贡献。

净慧长老在白雀庵大殿内拈香礼佛

11时，致辞结束，来自全国各地的诸山长老和护法善信共同为观音殿奠基挥锹培土。此时，礼炮轰响，鼓乐齐鸣。万众为之欢腾，天地为之动容。整个法会人山人海，场面极为壮观，参加法会的信众达数万人。

历时两天的活动，学术氛围浓厚、成果斐然，受到了社会各界的广泛关注，凤凰网、河北电视台、中国佛教网、上海菩萨在线、邢台电视台等多家媒体现场报道了活动盛况，《光明日报》、《中国文化报》、《河北日报》、《燕赵都市报》、长城网等20多家媒体进行了跟踪报道，一时间白雀庵成为海内外关注的焦点。

南和县观音文化有着悠久的历史,自改革开放以来,白雀庵的建设就一直得到党和政府、佛教协会及社会各界的关心与支持。随着白雀庵建设的逐步开展,以观音文化为龙头带动整个南和文化的发展已成为南和县政府的确定任务。此次观音文化研讨会的顺利召开,既有深厚的历史背景,又凝聚着社会各界许多人士的心血。作为观音菩萨故里的南和县,其历史悠久,人杰地灵,文化底蕴深厚。尤其是佛教文化遗存丰富,群众信仰广泛。这里不但存有国内最重要的观音菩萨应化道场——白雀庵,还有历史名刹——白佛寺等寺院。近年来,白雀庵加快寺院建设,恢复历史鼎盛风貌,每年吸引着上百万信众和游客参访观光,逐渐成为集宗教、文化、旅游为一体的综合性佛教圣地。

观音文化研究会除进行观音文化研究外,还积极参与社会文化活动,自 2004 年以来,每年定期举办佛教文化书法笔会,以弘扬观音文化、宣传真善美为宗旨,邀请书法名家,来到白雀庵,当场挥毫。这项活动渐渐成为当地一个很有影响的文化活动。

通过一系列的活动,观音文化研究会目前已成为我国很有影响的社团组织。

白雀庵住持悟贵法师晋院升座法会

2012 年 11 月 21 日,白雀庵内外,清烟缭绕,梵音高唱,大德云集,高僧满座。白雀庵山门广场被装扮一新,气球腾空,彩旗飘扬,人们脸上洋溢着节日的喜庆,数千嘉宾和佛教信众齐聚白雀庵,共同见证悟贵法师晋院升座的法会盛况。

上午8时，按照佛教仪规，白雀庵首座悟净法师带领寺院执事和佛乐仪仗抵达山门前，恭迎悟贵法师晋院升座。悟贵法师在诸山长老和嘉宾护持下，缓步走入山门。沿途信众齐念佛号，纷纷鞠躬，合掌致敬。悟贵法师从山门、天王殿、大雄宝殿依次拈香说法，登法座，三秉拂尘，最后稳步走入方丈室。石家庄虚云禅林住持常宏法师为悟贵法师送座，石家庄龙泉寺住持常开法师为悟贵法师送位，邢台普济寺住持果慧法师、张家口云泉禅寺住持果岚法师、藁城天台寺住持果通法师、正定临济寺住持慧琳法师进行了观礼。晋院途中，高奏的梵乐，和着夹道法师居士高呼的佛号，响彻云天。

升座后，诸山长老上前向悟贵法师道贺，悟贵法师一一作礼答谢。

11时，晋院升座庆典在喜庆祥和的氛围中圆满结束。

观音菩萨出家日祈福消灾及放生法会

农历九月十九是观音菩萨出家日，为感念观音菩萨盛德，每年的这一天，白雀庵都会举行观音菩萨出家日祈福消灾及放生法会，寺院常住僧众及当地善信数百人参加。

上午8时，大众集聚大雄宝殿，在法师带领下大家齐声唱诵《普门品》，清雅的梵呗声婉转悠扬，与会大众顿时觉得内心清净，法喜充满。祈福法会由主法法师拈香，与会大众诵持《消灾普佛仪轨》，虔诚礼拜。随后主法法师带领大众一起绕佛回向：愿以此殊胜功德，回向娑婆世界的有情众生，祈愿三宝加被，诸天纳供，消灾解厄，增福延寿。

11时，举行放生仪式。僧众在主法法师带领下念诵《杨枝净水赞》《大悲咒》《般若波罗蜜多心经》，同时为放生物命说法，授三皈依，让它们与佛法结缘，为它们忏悔业障、发四弘誓愿，令被放生的有情生命早日离苦得乐，往生净土。主法法师希望与会善信，通过此次殊胜的放生活动，用慈悲心看众生，发菩提心，修证菩提道。

放生仪式结束后，僧众在寺院内进行放生。放生的生灵有麻雀、斑雀、喜鹊、金丝眉、斑鸠等众多鸟类。当这些可爱的有情生灵被放飞时，尽情翱翔在蓝天之下，大家都感受到了它们回归自然的欢喜之心，共同为它们祈祷回向。

下午2时，白雀庵举行传授三皈五戒法会，法会在白雀庵大雄宝殿举行。白雀庵传授三皈五戒法会分两场，先进行三皈依法会，然后进行五戒法会。法会上，信众拈香虔跪，合掌礼拜，悉心聆听，认真受皈。主法法师开示欢迎信众参加此次三皈五戒仪式，正式加入佛教大家庭。同时鼓励信众把"皈依"作为自己学佛新的开始，依"五戒"来行持，在生活中要惜福结缘，潜心学习佛法，努力精进，种善植福。

观音菩萨圣诞日祈福超度法会

为庆祝观音菩萨圣诞，在每年农历二月十九日的观音菩萨圣诞日，白雀庵都会举办观音菩萨圣诞日祈福超度法会。

一般在早上7时，与会善信就拥进了白雀庵。白雀庵悟贵法师亲自为法会主法拈香，带领大众唱《香赞》，唱诵"南无观世音菩萨"圣号、《大悲咒》、《观音大士赞》、《观音菩萨偈》、《观世音菩萨普门品》等经咒。大家在梵音清唱中都感到法喜充满,并将功德回向众生,共同祈祷国基永固人民安乐,社会和谐世界和平。

下午2时超度法会开始,殿堂香花罗列,庄严殊胜,悟贵法师主法,善信居士一起念诵《地藏经》《观音忏》《往生咒》等,并由悟贵法师带领信众到往生牌位处回向,超度亡灵,祈求佛力加持亡者超脱苦海,早登极乐。

之后,僧众齐唱"千江有水千江月明"和"度人舟"等佛曲,同时悟贵法师为信众祝福和开示。最后,全体法师带领与会信众在延生禄位前回向。

下午5时,僧众于白雀庵塔院焚烧牌位,法会圆满结束。

观音菩萨成道日传灯法会

观音菩萨于农历六月十九日得道。每年的这一天,白雀庵僧众以及来自各地的善信,都要在大悲殿举行隆重的传灯法会。点燃祈福灯,祈愿世界和平,国泰民安。这天上午9时,传灯法会正式开始。大悲殿供桌上千余盏酥油灯被点燃,与会大众在悟贵法师的带领下,称念观音菩萨圣号,有序地捧起点燃的酥油灯绕到佛前供灯、祈愿。一时,庵院内外万灯闪烁,庄严殊胜。现场气氛宁静、吉祥、庄严。接着大众跟随法师绕寺内及山门、广场一周,还至观音菩萨原位。

上午11时,法会在诵经祈祷声中结束,大众无不欢喜,身心安乐。

观音菩萨成道日传灯法会

3 慈善事业

开展公益慈善事业是白雀庵一项重要工作,近年来,白雀庵在扶贫济困、捐资助学、救灾等方面,做出了许多贡献,各项公益慈善捐款达300多万元。

2008年5月12日汶川大地震后,白雀庵第一时间号召信众捐款捐物,折款20多万元。

2010年4月14日,青海玉树地震发生后,白雀庵连续三日举办了一系列超度、祈福、捐款法会。

灾难发生后,悟贵法师于第一时间号召四众弟子以无缘大慈、同体大悲的精神奉献爱心,当场募捐6000元,并与周围寺院一起筹资3万元,将第一批善款和邢台市民宗局一道送往市红十字协会。

2010年，河北省佛教协会提出在全省佛教界开展"百寺帮百村"活动。白雀庵为此成立了"百寺帮百村"活动领导小组，住持悟贵法师利用法会和座谈会的形式，向寺院僧众和信教群众耐心讲解佛教服务社会、服务群众的重要现实意义，共同研究和探索如何更有效地发挥佛教利世作用、积极践行慈善事业的新方式和新途径，并确定将寺院共建和谐社会作为白雀庵佛教事业常抓不懈。

2010年5月，为改善白佛村交通条件，满足村民休闲娱乐需要，白雀庵与白佛村沟通，确定将扩建白佛村广场一期工程作为"百寺帮百村"活动的首个惠民项目。此次扩建项目得到广大信教群众和白佛村的大力支持，短短十几天，白雀庵自筹和收到信众、村民捐款就达15万元，共回填土方100多车，铺筑水泥路面2000平方米，砌围护坡800平方米。广场一期工程的建成，既改变了白佛村雨季泥泞难行的旧状，也为村民开展娱乐活动提供了一个宽阔的场地。通过此次"百寺帮百村"活动，寺院和村镇的关系融洽了，调动了僧众服务社会的积极性，也为佛教创建和谐社会提供了一个新的途径。

2012年1月13日，白雀庵组织信众开展"献爱心送温暖"活动，分别给南和县、任县、平乡县的60位孤寡老人、特困户送去了3万多元现金和过年用品。

2013年3月25日，河北省佛教协会捐赠缅甸人民30台拖拉机，改善缅甸人民的生活，其中白雀庵捐赠价值5万元的拖拉机1台。

2013年6月1日，白雀庵悟贵法师与邢台市佛教协会秘书长张社坡等一行前往邢台县特教学校看望少年儿童。他们带上食品、饮料、糖果、文具及数万元现金和孩子们一起欢度节日，为孩子们送上节日的祝福。

2013年7月22日，甘肃定西地区发生地震后，白雀庵捐款1万元。

2016年5月31日上午，由悟贵法师和社会爱心人士组成的慰问组一行，带着食品、衣物和文具等，共价值两万多元的生活和学习用品，驱车前往邢台县特教学校，慰问看望少年儿童，受到老师和孩子们的热烈欢迎。当法师把食品、文具等递给孩子时，孩子们的脸上泛着喜悦的笑容，簇拥着法师亲切交谈。法师鼓励孩子们好好学习，健康成长。慰问组参观了教室和孩子们的手工作品，并和师生们合影留念，和孩子们一起欢度节日，为孩子们送上节日的祝福。该校有一个全寄宿的特殊班级，这个班的孩子，有的身有残疾，有的为孤儿，有的家庭特别困难。这个群体正是邢台市佛教协会近5年来（定点）精准帮扶的对象。

2016年5月下旬，为响应省委省政府《关于坚决打赢脱贫攻坚战的决定》和省民宗厅开展"五教献爱心，精准助脱贫"公益慈善活动的号召，白雀庵方丈悟贵法师，号召本寺常住和护法居士，积极投入这一公益慈善活动中。她身体力行，带头捐款捐物，主动与市佛协联系，精准对接帮扶对象。

4 历代碑刻

　　白雀庵古碑林，原有从南北朝至清末年间历代所撰石刻一百余块。这些石刻记载了白雀庵1000多年的沧桑历史。遗憾的是，在1968年"破四旧"中，碑刻大多被毁，仅存8块，由于寺院毁废，这些珍贵的碑刻一直散落在荒野之中。1988年，白雀庵重新恢复后，寺院将这些古碑保护起来，现立在大悲殿西侧和哼哈二将殿之间。8块碑分别是康熙、乾隆、嘉庆、同治年间所立。由于年代久远，风吹日晒，大多碑文字迹漫漶，已无法确认其全部内容，在此选择部分石碑介绍如下。

白雀庵历代古碑

《创建茶棚碑记》

此碑为康熙五十七年四月九日立,叙述了白雀庵自创建至清代的历史概况。此碑高1.8米、宽0.7米,原有碑座赑屃,长1.6米、宽1.2米,碑首明刻龙雕。此碑书刻精湛,章法雄浑,碑文全文如下。

闻之南邑东北二十里许有白佛店,店外百余步,相传有白雀庵。庄王三女潜心修行,继而庄王一炬俱为灰烬。公主乃徙居尧山,后因献手眼救父王册封千手千眼大慈大悲菩萨。而白佛店因公主起于此,亦遂于此立庙焉。自此而远近村庄男妇老幼进香祷拜者不可胜数。然而奔走道路饥渴无以慰之,邻封南邑郝桥有善人平其心,平邑大油召村有善人郑金召,西邑有善人姚烈,同心捐己集众鸠工材建茶棚一所,上供圣像,傍设神位。非同心善信相与有成亦不能至斯也。因立石以志不朽。

时康熙五十七年四月九日

会首　郑金召

平其心　王金茂

妙烈　郭立朝

郝崇先　平敏学

任泽民　董延经

兴助善人

创建茶棚碑记(部分拓片)

《重建白雀庵正殿碑记》

此碑为清嘉庆三年三月立，为南和县儒学生员张其蕴撰文。记述了观音出家前其父妙庄王为女选婿，被其女妙善（观音菩萨出家前身份）拒绝的故事。此碑高2米，宽0.75米，原有碑座赑屃，长1.5米、宽1米，现立于大雄宝殿前西侧，碑文全文如下：

余自受读以来，孔孟之书颇晓一二，至于释典，原未披吟。而观音之说感受颇深。古兴林国建都南邑朝平。庄王二女已婚，唯小女妙善志殿。当只赤心修行，暂不适人一事，人则以为非女道之所宜，执意不许，而白雀庵因遭庄王焚毁。三皇姑向善修佛，佛鉴其诚，使早为脱身。一望平行之际，忽来兽中之王，跨虎登苍岩而藏身。始此乃得终保修行之志。非猛虎相救，将何以脱险？白雀庵尼众时约有五百余人，殆以其死于炬烬中矣。厥后父王有恙，服药无功，疾大渐病日臻。适遇一人，曰："欲病瘥须见亲人手眼于贡盘。"遂以其意传旨二女中，二女各不肯。喟然曰："目前但有少女在，何患手眼不来？"对曰："在！"曰："安在？"曰："在苍岩！"曰："何日到，何日来？"曰："闭目斯到，启目斯来。"庄王闭目养神。顷刻，忽启目，贡盘中手眼已在面前矣。拭目一视，龙疾毕去。由是父王大喜，御驾亲封：任小女所欲，无不如意以相偿。彼时本欲还全手全眼，曰全手全眼之时，神急心动，遣字不同而封为千手千眼大慈大悲菩萨。此其大略也。事渺荒诞，经书不载，似难深信，

重建白雀庵正殿碑记（清嘉庆）

抑又见前人之述。吾离祖讳侯泰，母李氏，常向子孙述妙善苦修之事，菩萨经义神貌皆俱。而愈意者贤孝，与贤孝相为感召，是可以鼓舞风化人心者也。事之有无，初不必论，肇始者历有年所矣。又有广平府鸡泽县安上村张门郭氏年八十二岁，虔心募化以重修之。而复高其闳，厚其垣墉，踹新鼓铸新钟，较之畴昔之创建更有增辉者。届时已告竣。

南和县儒学生员张其蕴撰文

平乡县张家桥村共施其石。

大清嘉庆三年戊午春三月上浣毂旦（吉利好日子）立。

《重修白雀庵碑记》

此碑为1991年4月4日立，碑高1.55米、宽0.63米，为白雀庵重建后第一块石碑，记述了白雀庵1988年6月至1991年4月重修的过程及时代背景。此碑文为：

白雀庵位于南和县治东北二十余里白佛村。此庵始建北周末，在晋南北朝隋唐已成佛教圣地。北周末年，东途兴林国国王妙庄王三女儿妙善公主步入佛门，修身之地庵堂规模之大，拥有尼姑五百余名，占地数百亩，四个大殿，东西配殿和七十二间观花楼，计房屋一百九十三间。历代多有修缮，但随着历史的变迁，庵堂历遭破坏，多不复存。

在宗教政策逐步落实和旅游业迅猛发展的形势下，于一九八六年在白雀庵旧址重建庵堂。历时五年之久，

重修白雀庵碑记

计大殿四座,僧舍十余间,配房二十余间,驻庵僧尼二十余名。一九八八年六月,经河北省佛教协会研究批准为河北省二僧道场。至此香客之多,涉三省二十七县市,乡民络绎不绝,虔诚朝拜。谨呈题铭于上。

公元一九九一年四月四日立

5 名人手迹

白雀庵在全国声名颇大,许多高僧大德都曾为此庵题字,2011年,中国佛教协会会长传印长老,为白雀庵题词。

传印长老为白雀庵题词

2004年，中国佛教协会副会长净慧长老为白雀庵东山门亲自编撰楹联，著名书法家赵灵均亲笔书写。

净慧长老编撰的楹联

2011年，中国佛教协会会长传印长老为白雀庵题写大门匾额。

南和白雀庵

传印长老为白雀庵题写的大门匾额

6　有关白雀庵的著作

《观音菩萨之谜》，苏有郎编著，2011年宗教文化出版社出版，由传印长老题词推荐。该书20万字，从观音菩萨的历史影响写起，对观音菩萨与白雀庵的渊源、观音菩萨身世之谜、观音菩萨众应身之谜、观音菩萨灵感信仰等人们关心的问题进行了系统的梳理研究。作者对观音文化进行了整体审视，以通俗的语言，流畅的文笔，对观音文化与白雀庵的历史文化进行了深入浅出的阐述，使人们在了解观音文化的同时得到了艺术享受。

《千手观音》，冯子章、杨昌斌编著，2011年出版。该书以章回小说的形式描写了观音菩萨出家前为三皇姑及她修行得道的故事。全书15万字，语言流畅，具有一定的可读性。

《慈航东土记》，刘丙辰著，中国文联出版社，2009年出版。此书21万字，撷取了一些地方性民间传说资料，众多内容来自口头传说和文学创作,将千百年来广泛流传于民间的南和县三皇姑妙善得道成观音的传说,以章回小说的形式赋予其全新的人文精神。

《三皇姑传说》,杨一明编著,此书为观音菩萨出家前的最初原生故事,是许多观音传说故事的蓝本。虽短短 4 万字,却具有开创意义。

《兴林国》,程丽清著,全书分上、中、下三部,共计 150 万字,为章回体长篇历史小说,三部分别于 2012 年、2015 年由作家出版社出版。该书记述了公元 1 世纪兴林国妙庄王、郯氏皇后孕育的三公主——三皇姑,慈善为怀,救助苦、难、疾、悲百姓的曲折动人故事。

后 记

　　也许是缘分，10多年前，我初次采写白雀庵，写了电视专题片《华北第一庵》解说词；7年前，我的《观音菩萨之谜》出版；如今，受白雀庵悟贵法师的委托撰写《白雀庵史话》，我深感荣幸。

　　作为当地报纸的一名文化记者、副刊编辑，历史文化向来是我关注的重点。白雀庵的历史文化是有目共睹的，自然也在我的视野之中。

　　作为当地一座著名寺院，白雀庵由于特定的历史渊源和历史文化内涵而被人们关注，观音文化不仅在佛教界具有特殊意义，在整个中华文明历史长河中，都是有其独特价值的。作为观音文化的一个载体，白雀庵无疑是很有研究价值的。自1500年前观音文化传入中国以来，人们就一直在以一种特殊的心情研究她、学习她。

　　我对于观音文化的关注，主要还在其特定的文化意义，她集真、善、美于一体，几乎任何一个向善的人都会敬重她，在心里对她产生美好印象。

观音文化与中国本土文化经过1500年的相互融合,已经成为具有中国特色的观音文化。从《白雀庵史话》中,读者不难看出,观音文化已深深植根于中国民间的传统文化中。传说河北省的南和县白雀庵是观音菩萨应化之所,书中利用丰富的民间传说和佛教史中有关观音的记载,来讲述白雀庵与观音的渊源。

关于观音的书籍和历史文献,可以说汗牛充栋,但如何去筛选它、吸收它、利用它,使这些文化宝藏为我们的社会主义现代化建设服务,是我们每一名文化研究者的责任和义务。

此书内容,大部分是我最新采写和研究心得,当然也参考了一些典籍,其中"历代名尼(古代部分)""三皇姑传说""千手椿""孝子坊""瓦固村改姓""白雀庵与腊八粥"这几段是从前人书中或借来或改写,我不敢夺人成果行剽窃之私,在此特意声明。

当然,我这个外行之所以能顺利完成书稿,离不开白雀庵僧人和本书编委会的全力支持。特别是悟贵法师的信任与鼓励,使我有了知难而上的勇气和克难攻坚的信心,在此表示衷心感谢。还要感谢陈飞,他为此书提供图片,使书稿内容更加生动。对于社会科学文献出版社相关人员的辛勤付出,在此也一并致谢。

笔 者

2017年3月

史话编辑部

主　任　任文武

成　员　(以姓氏笔画为序)
　　　　王　和　王玉霞　李艳芳　杨　雪
　　　　杜文婕　连凌云　范明礼　周志宽
　　　　高世瑜　高振华

图书在版编目(CIP)数据

白雀庵史话 / 苏有郎著. --北京：社会科学文献出版社，2017.7
（中国史话）
ISBN 978-7-5201-1038-9

Ⅰ.①白… Ⅱ.①苏… Ⅲ.①佛教-寺庙-史料-南和县 Ⅳ.①B947.222.4

中国版本图书馆CIP数据核字（2017）第157979号

"十二五"国家重点图书出版规划项目

中国史话·文化系列
白雀庵史话

著　　者 / 苏有郎

出 版 人 / 谢寿光
项目统筹 / 任文武　杜文婕　　责任编辑 / 杨　雪　王玉霞

出　　版 / 社会科学文献出版社·史话编辑部（010）59367143
　　　　　地址：北京市北三环中路甲29号院华龙大厦　邮编：100029
　　　　　网址：www.ssap.com.cn
发　　行 / 定制出版中心（010）59366509　59366507
　　　　　市场营销中心（010）59367081　59367018

印　　装 / 三河市尚艺印装有限公司
规　　格 / 开　本：889mm×1194mm　1/32
　　　　　印　张：5　字　数：105千字
版　　次 / 2017年7月第1版　2017年7月第1次印刷
书　　号 / ISBN 978-7-5201-1038-9
定　　价 / 25.00元

本书如有印装质量问题，请与读者服务中心（010-59367028）联系

▲ 版权所有 翻印必究